中内敏夫著

軍国美談と教科書

岩波新書

35

はしがき

この書物は、戦前日本で、その内容がときに「軍国美談」とうたわれ、初等教科書のなかで大きい比重をもっていた「水師営の会見」や「一太郎やあい」などの軍事教材の歴史を、修身と国語科の領域に焦点をしぼって、たどってみたものである。

わが国で教科書の歴史というと、教科書編纂の制度と政策、教材製作者の製作意図とその性格、これに対する識者や著者の批評を整理してのべるというパターンが定型のようになっている。そして、さらに、これらの制度や製作の実際に圧力をかけ、これを民衆支配に利用しようとしてきた政府や産業界、宗教団体や政党、それに国際環境といったものの動きに言及し、そのひとつとして、軍部がひきあいに出される。整理と叙述の仕方は著者の立場によって当然のことながら少しずつちがうが、方法としてはこういったものが大勢を占めてきた。

しかし、本書のことのあつかい方はすこしちがっている。これまでの方法だと、教科書中の軍隊や戦争をあつかった教材は、軍部による初等教育を通しての民衆支配の道具だということになる。軍事教材にはたしかにそういう側面があり、軍部が文部省に圧力をかけてそうしようと意図したことも事実である。しかし、どんな権力者でも、その意図を思いのままに実現しえたわけではない。意図を実現された事実のようにみるのは、民衆をもっぱら支配される一方の受動的存在とみているからである。日本の民衆の心はたしかに軍部とこれに従属した文部省によって支配されてきた。そういうわけで「教科書が日本人を作った」(唐沢富太郎著『教科書の歴史』序、一九五六年)面も否定できない。しかし、民衆は軍部によって支配されながら、同時に軍隊と戦争を生きぬいてもきたのである。民衆は能動的存在でもある。そうみると、ことはこれまでとはすこしちがってみえはじめる。軍事教材は、じつは、軍部と民衆の、軍事をめぐっての、せめつ、とられつの闘争と妥協の、さらには協調の場所のひとつだったことになる。軍事教材の比重のふえてくるさまを、軍部による文部省支配の歴史としてだけではなく、民衆の軍隊生活と戦争体験の、軍部・文部省による活用とその成功・失敗の歴史としての側面からもみなければならない。本書はこのような方法による教科書史のひとつである。

　初等教科書史をこのような方法であつかうことは、教科書を民衆史の史資料のひとつとみてゆくことである。ロベール・マンドルウやT・W・ラカアーのものなど、外国には同類の研究がすでにいくつかあるが、日本では先駆的な研究を断片的にみるのみで、系統的なものをまだみない。本書がこのような研究分野を拓く手がかりのひとつになれば、幸いである。
ときあたかも、真夏の午後の白い太陽が沈黙の焼土を焦がした敗戦の日から数えて、四三回目のその日である。

一九八八年八月

著者

第二刷にあたって

日本の軍事教材の主人公たちについての調査は、戦前から断片的にすすめられていた。しかし時代の制約により、そこには大きな限界があった。戦後、地方史家や作家たちによる地道な研究がひろがったが、実像解明に画期をなしたものに、中村紀久二の一連の研究がある(『教科書物語――国家と教科書と民衆』一九七〇年、ノーベル書房〔中村圭吾の筆名を使用〕、その後の研究をもとに加筆した同標題の改訂版、一九八四年、ほるぷ出版)。また爆弾三勇士については、それを天皇制下における民衆史の構築へと発展させた著書として、上野英信の『天皇陛下万歳　爆弾三勇士序説』(一九七一年、筑摩書房)などがある。

本書がこれらの先行研究に負うところが多かったにもかかわらず、第一刷においてこれらの研究への言及に不十分な点があり、その著作者や読者諸氏にご迷惑と誤解をあたえたことについて心からおわび申しあげる。この小著が、これら先行研究を受けつぎ、教育史研究に新分野をひらく手がかりの一つを提供できれば、著者として幸いこれにすぐるものはない。

一九八八年九月

著　者

目　次

I　軍事教材の誕生

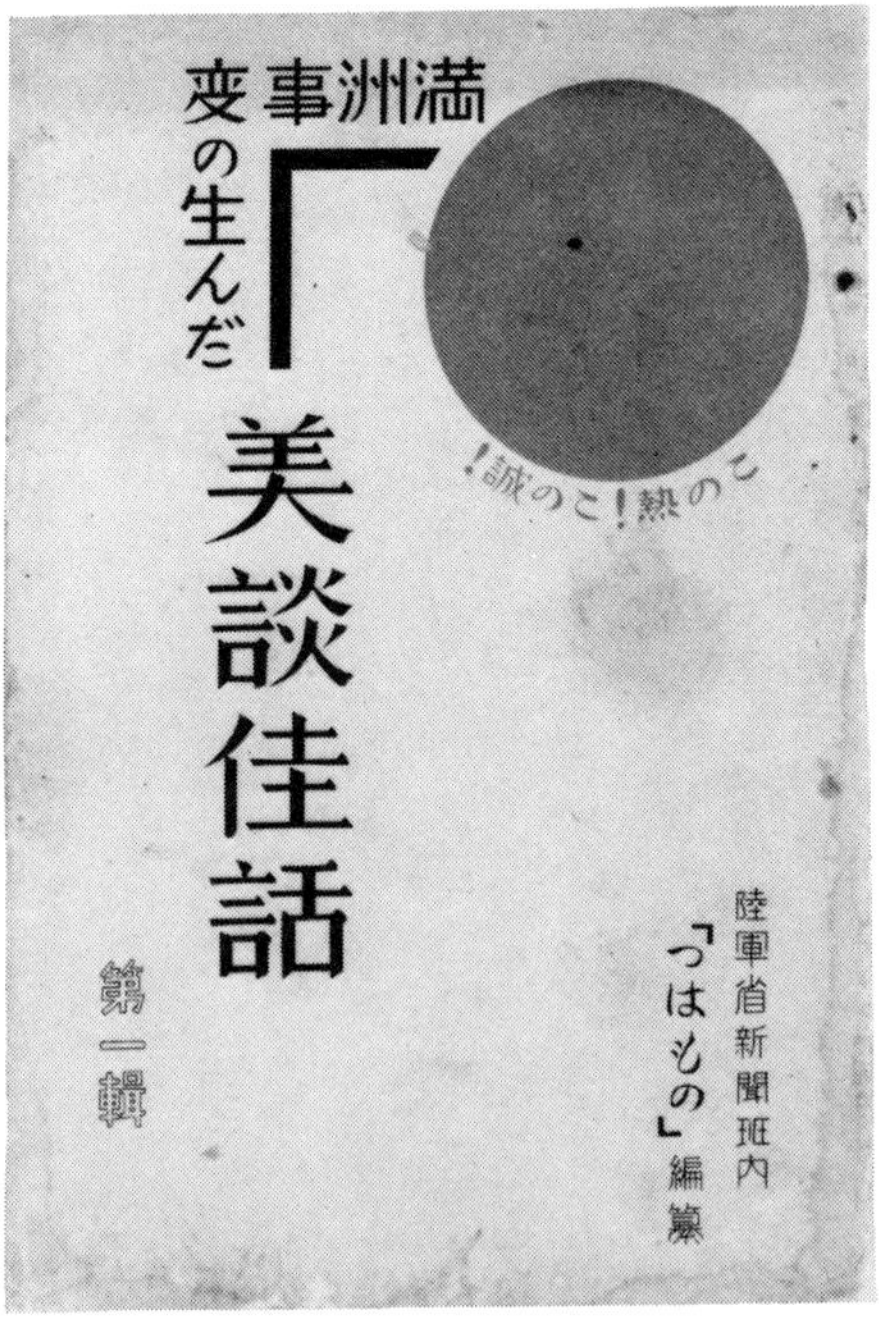

「軍国美談」集の一例

1　美談の演出者

この書物の目的

これも世にいう「戦後政治の総決算」のひとつだろうか。ここ数年、日本がかつておこなったアジアでの軍事行動や、その舞台に登場した軍人・兵士・その家族たちを、国の教科書上で復権させる動きが続いている。国際問題にまで発展した日中戦争の性格づけをめぐる「侵略・侵出」問題がそのひとつであり、文部省が初等教科書に「お手本」とすべき人物として登用する方針を発表した日露戦の提督東郷平八郎の問題も同様である。これを復権というのはほかでもない。占領下の「終戦処理」事務の遂行と民衆運動の高揚の渦中で、日中戦争は日本の「侵略」と性格づけられ、ながく国定教科書を飾ってきた将軍や兵士たちの「美談」は、これすべて「墨」ぬられて子どもたちの目からは消されてきたからである。そのいわば「名誉回復」がはじまったのである。

文部省は、なにを意図してこの作業をはじめたのだろうか。この試みは成功するだろうか。成功するとすればどういう条件がこれを助け、失敗するとすればなにがこの意図をくじくのか。

この問いに答えるためには、軍事行動や軍人を復権させようとする試みを、この試みを推進する政治家たちの口にする表面上の意向の次元だけでなく、かれらをしてこの種の行動に走らせる、日本社会のもっと深い部分にひそむ隠された動機をさぐってみる必要があると、わたくしは考える。教科書にだれをどういうかたちでのせるか、のせないかといったこの種の作業は、軍人・兵士たちだけのことにかぎってみても、じつは、軍部が強い力をもっていた戦前日本でも、たえずおこなわれていたことなのである。教科書で重用された軍関係者といえば、東郷元帥などは軽い方で、皇族の能久《よしひさ》親王、乃木希典《まれすけ》陸軍大将、橘周太陸軍中佐、広瀬武夫海軍中佐ら職業軍人、木口小平陸軍一等兵や有村おと(げさ)といった徴兵兵士とその母などがもっていた比重に比べれば、問題にならない。この書物では、すこし時代をさかのぼって、これら旧時代の教科書を数々の「美談」で飾っていた将軍・兵士・その母たちを主人公とする軍事教材の存続・改廃の歴史をたどり、文部省がおこなってきた国家制度上の、昨今の事態に通ずるこの種の措置の深部にひそんでいた問題をとりだしてみようと思う。そうすることによって、右に出した問題に対するひとつの回答をだしてみたいと考えるのである。

ここに軍事教材というのは、近代日本の軍隊とそのおこなった戦争の事実、または事実とされていたものを素材にしてつくられた教材のことである。軍事教材は、はじめ「通俗教育」とよばれていた社会教育の分野に多くみられるが、本書でとりあげるのは、そのうち主として初等学校の国定教科書に採用されたものである。兵士の戦争史話や民衆の軍隊体験は、しばしばジャーナリズム、軍部、ときには教育団体によって美化され、「軍国美談」とか「戦時佳話」とよばれるものにまとめられた。『愛国美談 一太郎やい』(野崎迂文著、一九二一年)、『満洲事変軍事美談集』(教育総監部編、一九三三年)などは前者の例であり、木口小平の売出しにも一役かった市販の教育雑誌『教育時論』の「戦時美談」欄などは、後者の例である。軍事教材は、ときに、この「美談」集類を「原拠」にして製作され、逆に、事件が軍事教材化されることによって、いわゆる「軍国美談」が誕生することにもなったのである。

軍国の美談と教科書

だれがどういう目的で、「軍国美談」のつきまとうこの種の教材群をつくってきたのか。これを知るには、初等教科書行政のしくみにふれておかねばならない。初等教科書の使用許可は、はじめ、届け出るだけの開申制、認可制などによっていたが、一八八六年に検定制になり、一九〇三年には国定制になった。再度検定となる戦後の四九年度まではこの国定制がつづく。この間、戦前期に教科によってちがいはあるが、それぞれ数回の改訂があり、各期の教科書を、第一期国定教科書、第二期国定教科書などというふうによんでいる。国語でみると、第一期本は一九〇四年から〇九年まで、第二期本、一九一〇年から一七年、第三期本、一九一八年から三二年、第四期本、一九三三年から四〇年、第五期本、一九四一年から四五年である。以後四九年までは、戦後の、暫定本と、いわゆる墨ぬり国定教科書および国定第六期本(国語のみ。一九四七—四九年)期である。軍事教材は、各期本および国定制以前のものにもみられるが、もっともふえたのは第五期本、つまり太平洋戦争下の国民学校教科書においてである。

図書監修官たち

国定教科書の著作者は文部省である。もちろん、じっさいはわたくしたちと同じ生身の人間がその著者であって、この覆面の著者たちは国民には実名をあかさなかったが、『職員録(甲)』各年度版その他で調べればわかってくる。

次頁の表が、その一覧である。このしごとをしていた文部省の係官たちは、教科書国定制の制度ができた一九〇三年から一二年までは、最初文部省総務局に属し、のち大臣官房図書課属となって図書審査官とよばれていた。これが一三年、図書課がなくなって普通学務局属となり、図書官と改称される。一七年、図書官のほかに図書監査官のポストができてかれらが実務にあたることになったが、二〇年以降は図書局の図書監修官(同補)とよばれるようになる。以下、

図書監修官（本官）名簿　1903（明治36）-43（昭和18）年

明治36年就任	渡辺董之介（-45，大正6-8）／野尻精一／金子銓太郎／針塚長太郎／太田達人（-39）／井郁太郎（-40）／喜田貞吉（-44）／吉岡郷甫（-45）
明治42	隈本繁吉（-43）／浅井郁太郎（-44）
明治43	西河龍治（-大正12）
明治44	武笠三（-大正13）
大正3	重田定一（-6）／森岡常蔵（-8）／中村兎茂吉（-8）
大正6	八波則吉（-8）／高野辰之（-8）／河野福太郎（-昭和6）／内田寛一（-13）／土館長言（-8，大正10）／和田信二郎（-昭和8）／山辺平助（-8）／大森音吉（-9）／山根緝一郎（-8）／大野正虎（-9）
大正7	山崎達之輔／補永茂助（-8）
大正8	粟屋謙
大正9	野田義夫（-10）／藤岡継平（-昭和11）／高木市之助（-10）青木存義（-昭和8）／藤本萬治（-昭和13）／関口雷三（-12）
大正10	加藤重時／武重富市／大岡保三（-昭和16）／井上赳（-昭和18
大正11	待鳥清九郎（-14）／木村善太郎（-昭和9）／蠣瀬彦蔵（-昭和13）／佐野保太郎（-昭和11）／桑木来吉（-昭和16）
大正14	塩野直道（-昭和18）
昭和2	各務虎雄（-16）
昭和3	熊木捨治（-15）／佐藤礼云（-4）
昭和4	碧海康温（-17）
昭和9	森田一也
昭和11	久世誠一（-16）／森下真男（-18）／加藤将之（-18）
昭和12	樋田豊太郎（-16）
昭和13	森田銕三郎（-14）／森谷秀亮（-15）／倉野憲司（-16）／桑原虔（-17）／岡現次郎（-18）／宮瀬睦夫（-18）／中村一良（-18）／石森延男（-18）／重松伊八郎（-18）
昭和14	前田隆一（-16）／釘本久春（-16）／角南元一（-18）／竹下直之（-18）／大島文義（-18）／松田武夫（-18）
昭和15	吉田澄夫（-16）／丸山俊朗（-18）
昭和16	小沼洋夫／近藤唯一（-17）／蒲生英男（-17）／永田義夫（-18）／松尾俊郎（-18）
昭和17	小川静三／木宮乾峰（昭和18年在任中，以下同じ）／木下広吉／勝田守一／谷口孝光／中田俊造／山形寛／金子平一／丸山国雄／橋本成文／渡辺光／池田計三／藤井信夫／稲沼瑞穂／湯沢幸吉郎
昭和18	和田義信／島田喜知治／関宦市

（昭和19-24年『職員録』欠．年度途中離着任・課長期間も含む）

本書では、特に必要なばあい以外は、図書監修官の呼称でこの人びとを総称することにしよう。

図書監修官の名簿一覧をつくるのはむつかしいことではないが、かれらが、どういう動機で軍事教材それぞれを製作したか、どういう理由でその存続と改廃の決定をおこなったかを明らかにすることの方は、なかなかむつかしい。もちろん、各期各教科書ごとに出されている編纂趣意書や教師むけの教材解説書を調べれば、あるところまではわかる。前者は歴代の図書監修官たちが書いた一種の公文書であり、編纂の一般的方針とともに各期「新教科書ニ於ケル教材選択ノ方針」等が書かれている。後者はそれをわかりやすく解説したものである。しかし、これらの文書は、改訂にあたり、何を捨て何を採ったかの選択の結論部分と、教材それぞれの指導目標(何を教えようとするものであるかの内容)は正確に書いてあるものの、取捨選択の直接の理由にふれるところがないのである。この理由こそ、教材の存続・改廃という制度上の事件の深部にひそむものを語ってくれる当のものなのだが、残念ながら右にあげた公文書類はこれについて語るところがない。

戦前の日本の学校は天皇の学校であり、その国定教科書は無謬、不可侵の権威をもつものとされていた。そこに取り上げられる教材の改廃の理由は、あれこれせんさくすべきではないとされていたのだろう。その証拠に、わが図書監修官たちは、ことこの件に関するかぎり極めて口がかたく、職務上知りえた秘密を、公の職を退き、あるいはその場をはなれたところにあっても、めったにもらすことがなかったのである。ただ、ありがたいことに若干の例外がある。国語の八波《やつなみ》則吉、高木市之助、井上赳《たけし》、算術の塩野直道、歴史の喜田貞吉《きださだきち》、理科の岡現次郎といった人びとの残した記録がそれで、わずかとはいえ密室内にくりひろげられてきたことのさまざまを私たちにかいまみせてくれる貴重な史資料群である。しかし、多くは後世のドキュメントであるため、場合によっては史料価値の低いものになることはいなめない。軍事教材ということになると、これに軍の機密性が加わってくるので、史料源はさらに狭まる。

2　図書監修官とよばれていた人びと

国定教科書行政制度

国定教科書の執筆者たちは、なぜこんなに口がかたかったのだろうか。国定教科書編纂は国家のしごとである。図書監修官たちが組み込まれていたこの国定教材づくりの国家機構のしくみを調べてゆくと、かれらが、なぜ、ときに偏狭とまで評される性格の持主だった(持主になった)かの理由がわかってくる。そこで、まず、国定教科書行政がどのようになっていたかをのべておこう。

一九〇三(明治三六)年、文相菊池大麓のもとで小学校令改正・教科書国定の方針が正式に決定され、翌年から修身・国語・地理・日本歴史の国定本が使用されるようになって、以後次第に他教科にもこの方針が拡大された。ところが、実は一九〇三年の政府決定に先立ち、当時の為政者のあいだでは、とくに修身教科書国定化の方向が具体化しつつあった。衆議院の決議もあって、文部省はすでに一九〇〇年四月、省内に修身教科書調査委員会を設置し、その編纂をはじめていた。このときの編輯機構はつぎのとおりである。まず、修身教科書調査委員なるものが任命されたが、その顔ぶれは、委員長が加藤弘之(文博、男爵)で、委員には井上哲次郎(文博、東京帝国大学文科大学教授)、沢柳政太郎(文部省普通学務局長)、渡辺董之介(文部書記官)らがいた。

この調査委員のもとに、編纂のより実務に近い部分を担うものとして起草委員がおかれたが、その顔ぶれは、中島徳蔵、吉田熊次らだった。

国定教材づくりの内部機構を明らかにするには、できあがったものに許可を与えるだけだった調査委員会の委員たちよりも、実務に近い部分を担っていたこの起草委員クラスの人物の言行をたぐっていくことが大切である。ところが、この実務を担う部分には、これらの起草委員のほかにもうひとつ別の系譜をかたちづくる人びとがいた。検定制度時代から省内にいた大臣官房図書課属の職員(奏任官待遇)たちで、図書監修官たちの最初の職名である図書審査官(一九〇三年のみ総務局図書課属)のポストにいた人びとである。かれらは同じく実務を担うといっても、起草委員が省外に本務をもつ人びとだったのに対し、省内でこれを本務としていた人たちである。のちになると修身にかぎらずどの分野でも、内部事情にくわしいこの図書審査官の系譜をひく官僚層が、幹事として国定教材改廃の実際を担うようになる。

なお、修身教科書調査委員会時代の記録によると、このほかに会議の進行上の必要から若干の嘱託が任命され、編纂・起草の実務に関与している。しかし、これらの嘱託意見は、教材の文章・歌詞など多くは技術上の問題に集中していたので、結局、重要人物は、図書課の内外にあって編纂の実務を担った人びと、とりわけ課内部にあってこれを本務としていた図書審査官とその後身の官僚たちだとみていいだろう。

一九〇〇年以降省内でこうした動きがあった一方、なお検定制度のもとにあった全国の学校現場では、優良な教科用図書を選定するために官制の小学校図書審査委員会を開き採用法を工夫する動きがみられたといわれる。一九〇三年、菊池文政下の小学校令改正と国定制の決定は、このような採用現場の動きを消滅させるとともに、この数年間修身科だけでおこなわれてきた国定教材づくりのしごとを、国語、算術、地理、日本歴史、図画などでも大規模におこなうべく、省内の関係機構の拡大整備の必要を生じさせた。こうして一九〇四年まず省内に教科書調査委員会が設けられ、「実地使用ノ経験」等にもとづく修正作業をはじめていたが、一九〇八年になって教科用図書調査委員会官制(勅令第二〇八号)が公布され、このもとで国定教科書編纂の仕事がすすめられることになった。

それによると、「調査委員会ハ文部大臣ノ監督ニ属シ小学校ノ修身、歴史及国語ノ教科用図書ヲ調査審議シ並ニ文部大臣ノ諮問ニ応ジ其ノ他ノ教科用図書ニ関スル事項ヲ調査ス」とある。会長一名、副会長一名、委員三五名(うち主査委員二五名、書記三名、幹事一名)、ほかに「起草職務ノ補助員二人」をおき、各委員は部長一名ずつをおく修身、歴史、国語の三部に分属する。そしてこの各部で編纂に関する要目や起草員のおこした教科用図書の審議などをおこなうとされた。この教科用図書調査委員会制がはっきりと定着しはじめた時期とみられる一一年一一月現在の委員の顔ぶれを調べてみると、会長加藤弘之以下、委員三十余名で、発端である修身教科書調査委員会から国定制公布期の責任者がそのままこの委員会に流れこんできている。

同時点での第一部(修身)の部長は「民法出デテ忠孝亡ブ」で有名な穂積《ほづみ》八束《やつか》である。国定教科書のなかで最重要視された修身教科書の編纂をあつかうこの部のこのポストには、その後、一木《いちき》喜徳郎《きとくろう》、山川健次郎、江木《えぎ》千之《かずゆき》ら、帝大総長・文部大臣クラスの人物がついている。なおこのころの第一部主査委員は山川健次郎、一木喜徳郎、森林太郎、中島力造、渡辺董之介、吉田熊次らであった。

なお起草委員は、吉田熊次ら三名である。委員等の数はその後若干かわっており、一九(大正八)年度は委員三九名(うち主査委員二七名)、幹事二人、起草職補助一名、書記六名、嘱託六名である。翌二〇年、勅令一二二号でもって新たに教科書調査会が同じ目的でもうけられ、これにともなって教科用図書調査委員会は廃止となった。教科書調査会のしごとは委員会時代と同じだが、発足当初でみると、会長一名、副会長一名、委員一九名、幹事二名、書記三名となっていて、簡略化されている点が目立つ。

図書監修官の立場

国定教科書編纂と国定教材づくりをめぐる政府審議機関の構成と役割、主要人物、その変遷の大要は以上のとおりだが、先にものべたように、この組織の内部には、省内での関連実務を本務にしている係官がいて、一度制度ができあがって動きはじめると、国定教材の実際の作成や改廃については、実質上かれらの判断が大きい比重をしめるものになってゆく。この係官たちこそがわが図書監修官である。かれらには、たとえば、修身教科書調査委員会、国定制公布以後は教科用図書調査委員会第一部主査委員をもかねていた図書課長・図書審査官渡辺董之介のように、審議と実務両界にわたってポストをもち、数名の助手を使って個々の教材づくりから編纂趣意書の執筆までおこなうものもあった。その力は隠然たるもので、実務にうとい兼任の省外委員は、ときにつんぼさじきにおかれもしたと伝えられている。

ところが、他方、かれらが文部行政の官僚組織のうえでは末端の小吏であることも動かしがたい事実であった。たとえば喜田貞吉のばあいのように、明治天皇の信任厚い将軍乃木希典と取材をめぐって直接話ができるような立場にありながら、権限のうえではただ命を忠実に実行するだけが任務の小吏である。しかも、全国の教員が徹底的にこれを「研究」して使用すべく期待されている無誤謬、絶対の小学校用国定教材(ときに中学校教科書の検定も兼ねた)の直接の製作責任者という立場上、このいわば下からのプレッシャーも意識外におくわけにはいかない。そこでどういうことになるか。一期から二期にかけての時期にこのポストにいた喜田貞吉の心境を聞いてみよう(喜田『還暦記念六十年之回顧』一九三三年)。

「大規模の教科用図書調査委員会を設置して、周ねく各方面の名士を網羅し、更に一大修正を加うるを必要とするの議が起った。(中略)前帝大総長山川健次郎先生を始として、帝大教授からは(中略)衆議員からは三土忠造氏、陸軍からは参謀総長の大島健一中将、海軍からは子爵小笠原長生大佐など、外にも幾多の名士が加わって、審議を重ねられたものである。なお特殊の事件については、それぞれ其の道のお方に見て戴いた事もあった。随って執筆者の苦心は容易でなく、一言一句もゆるがせに出来ない。何の気も無く書いた事で意想外の問題となったものも少なくなかった。」

国語の高木市之助もまた、後年のややざんげ録めいた回想録『尋常小学国語読本』(一九七六年)に、「幸か不幸か、読本作りを始めることになったわたしを悩ませたのは……官僚世界の人事競争ではなく、教科書調査会というこわいおじさんたちだったのです」と述懐している。だが、図書監修官たちがおそれていたのは、これら権力者たちだけではない。かれらには、民衆によってコントロールされることのない絶対主義国家の官僚層につきもののもうひとつの恐怖の対象があった。高木図書監修官の任期は一九二〇―二一年、第三期のことであるが、ほかにもうひとつ苦手の集団がいたとして、つぎのようにのべている。

「小学校の国語の教科書には、種々雑多な教材が取り入れられなくてはならない。しかもそこに事実上の過誤があると、あら探しを得意とする小学校の先生達はそれを新聞に載せて文部省攻撃の餌とする。たちまち記者達が現われて我々は質問攻めになる。時には直接大臣や次官宛にそれを指摘して来る。すると大臣や次官は我々を呼びつけてじかに糾問するんです。そんな事を予防する為にはあらゆる教材は何よりも先ずそれぞれの権威者の教えを受けなくてはならぬ。それればかりか、各省や各地方官庁乃至政党は教科書にそれぞれ所管事項を載せろと注文してやまない。」

国文学者高木市之助は、二年間でこのポストをなげだしたときの心境をこう書いている。

「しかしむこう様が悪いのではない。無知の私が変な夢を描いたのが悪かったのです。これも人間の一つの生き方だと悟ってみれば、そこは案外住みいいところかも知れず、出世街道としてはやっぱり近道の方で、現に一定の年期を勤め上げていつの間にか高校の校長になったり、大学の学長になったり、中には衆議院の議員に当選したり、人間の生き方はさまざまです。」

守旧の世界

図書監修官の社会は、どうしても守旧第一の論法になってゆかざるをえない。ひとたびある方向なりことがらについての観方なりが成立すると、教材と、教材化されている事件や人物についての新たな知見との間にズレが生じてきても、容易につくりかえることにはならない。改作をするとかえってズレが大きくなることにもなる。後にのべる広瀬武夫や谷村計介のあつかいなど、軍事教材に限ってもそういう例は少なくない。それは、教育のための教材づくりと、実相の究明を目的とする学問研究のしごととは、かれらの世界では両立しにくいということである。一方では、「事実上の過誤がないように」と資料探索に極度に神経をくばりながら、他方ではズレを承知のうえでこれにたえてゆくことが、図書監修官たちの職務倫理と編纂技術というものであった。一九一〇年に発生して国体にかかわる重大問題に発展した国定教科書編纂に関する南北朝正閏《せいじゅん》問題。これによってそのポストを去った、図書審査官喜田貞吉(のち京大教授)は、このはざまにおちこんだものの心情を、つぎのように伝えている。

「大体教科書の検定・編纂というような職務は、到底一学究たるべく生れ出でたわがままな自分には適しないものであった。」「彼の南北朝正閏問題の如き大事件を惹起したのも、畢竟は二足の草鞋《わらじ》をはいた事の罪で、一方に学究的良心を保持しつつ、一方にそれを教育の上に合理化しようとした失敗であった。」

以上のことは、逆にいうと、国定教材の新作・改廃という作業がおこなわれたばあい、そこにはよほどの重大事態がおこっていて、これが図書監修官たちの守旧の立場をゆさぶったのだと考えてかからねばならぬことを物語っているといえよう。

3　膨張する目標

教科書は教材集である。教材は、教え学習させようとする指導目標を、学習者である子どもが学習しやすいように、かれらの日常生活の事実や経験を素材に使って具体化してあるものである。かれらなりの生活者であり、経験の主体である子どもは、教材を介して指導目標の世界に入ってゆき、これをみずからの日常世界の経験界にもちかえる。これが教材を介しての学習の成立である。

軍事教材とは

軍事教材もまた教材のひとつである。軍事には実はいろいろある。この書物では、初等学校の教科書に載った広義の軍事教材のうち、近代日本関係のものをとりあげて、最初にのべた問題を考えてみた。初等学校教材で、かつ素材も同じ軍事ものであっても、たとえば楠木正成・正行のようなもの(「忠君愛国」第二期修身五の四ほか)は含めない。軍事ということも厳格にとって、西郷隆盛のような軍人的政治家のものはのぞく。日本人ではない、ベルギーの将軍レマン(Leman, G. M.)の言行を素材にしている「両将軍の握手」(第三期国語九の九)なども除くことになる。また、「桃太郎」(第一期国語一)などフィクション性のつよいものもはずす。人びとの日常生活現実とのつながりが希薄で、軍事の事実を素材にしているものではないからだ。こうしてえられた全五期にわたる軍事教材を、修身と国語のばあいについて一覧表にしたものを巻末に掲げた。

指導目標の一貫性

国家はこれらの軍事教材を使って子どもに何を教えようとしたのか。教材のひとつひとつについて、何を教えるべきか、どの点に注意すべきかなどその指導目標にふれた文書には、直接の軍関係者によるもの(沢辺哲彦編『軍隊教育の研究』一九三六年など)、図書監修官の編纂趣意書などがある。しかし前者は部分的だし、後者は当事者の手になる体系的なものではあるが抽象的で具体性に欠ける。現在の時点で入手しうる最善のものは、当時いくつか公刊された教科別教師用書の教材解説の部分と、図書監修官が参加している教科書研究(研修)書、参考書類である。

これらを使って軍事教材ひとつひとつにあたってゆくと、その指導目標には、五期にわたって不変のものと、教材の新出や排除などのかたちで変わっているものとがあることに気づく。この変化は、重点のおき方や、のちに述べるような軍事的行為の性格のこの間における少なからぬ変化に伴っておこったものであった。しかしながら、こうしてあれこれの修正をほどこされつつ、軍事教材全五期を通しての共通の指導目標は、一貫して、日本の軍隊と軍事行為の正当性と永遠性の論証と宣伝、つまりその「美談」化におかれてきたといってよい。以下に、目標が不変だったものと、変化したものの例をすこしあげておこう。

目標が不変のものの例

五期不変の目標例をまずあげよう。ところで、この不変の目標例の中にも、じつは同じ素材を使っているものと、目標は同じでありながら、素材をいれかえているもの（したがって教材としては廃棄され、別のものが現われる）との二種類がある。時代が変われば国民の日常生活や軍事体験も変わってくるから、教材の陶冶性を高めるためにこの措置がとられたのだろう、とは一応考えられるところである。それもあるが、理由は、後でのべるように必ずしもそれだけではない。乃木希典《まれすけ》関係のものや「靖国神社」（第一期国語、高小一の四ほか）、「水兵の（感心な）母」（第一期国語、高小一の五―六ほか。以下、「水兵の母」と記す）が前者の例であり、一期だけで廃棄された「一太郎やあい」（第三期国語、七の十三）、同種のゆさぶりをうけた「三勇士」（第五期国語、二の二十一）などが後者の例である。前記の解説書類に説かれている各教材の指導目標をみてみよう。

○水師営（の会見）（第二―五期国語、各十の十二、九の十、十の十五、六の十二）

〈目的（趣旨）〉本教材は日露戦争に関する一挿話として、人も知る乃木・ステッセル両将軍水師営会見の情景を叙述し、敵国までも恵みうるおされた明治天皇の御仁愛の一端を偲

第十　水師営の会見

旅順開城約成りて、
敵の将軍ステッセル
乃木大将と会見の
所はいずこ、水師営。

庭に一本なつめの木、
弾丸あともいちじるく、
くずれ残れる民屋に、
いまぞ相見る二将軍。

乃木大将はおごそかに、
御めぐみ深き大君の
大みことのりつとうれば、
彼かしこみて謝しまつる。

昨日の敵は今日の友、
語る言葉もうちとけて、
我はたたえつ、彼の防備。
彼はたたえつ、我が武勇。

（後略）

（第三期国語、九の十）

び奉り、乃木将軍の厳正なしかも温情豊かな心情に共感せしめるとともに、あっぱれ皇軍の正義、真実なる面目を感得させ、大国民たる襟度を培おうとするものである。（『初等科国語六　教師用』一九四二年）

○水兵の母（第一―五期国語、各高小一の五―六、九の七、九の二十四、十の五、六の二）

初等科国語五以降、母親のわが子に対する真情の種々相を教材とし、これまで培われて来た児童の母に対する情感を一層深めて行くようになっている。(中略)本教材もまたこの系列に立つものである。日清戦争のさ中、高千穂艦上で起った美談に取材した教材である。文は、大君の御楯として捧げた愛子を励ます母からの手紙を読みながら感泣する一水兵と、偶然その場に来合わせた士官とを描いて、崇高な軍国の母の精神に深く感動させるものがある。(『初等科国語六　教師用』一九四三年)

もうひとつの同目標例

以上が、いったん採用されると、戦後に過渡的措置として墨ぬりされ、ついで、短期の第六期本を経て国定教科書制そのものが廃止になるまで改廃されることのなかった、いわば「強い教材」が担ってきた指導目標の例である。その強かった理由については後述する。つぎに、目標に難点はなかったのに教材としては不安定だったものの例として「三勇士」があるが、その指導目標をあげておこう。不安定だった理由については後で詳しく述べる。

○三勇士(第五期国語、二の二十一)

「爆弾三勇士」「肉弾三勇士」の名は、あまりにも有名である。(中略)本教材は、この児童に親しみのある三勇士の戦場に於ける感激的な場面を活写し、勇ましい戦場の情景に触れさせつつ、大命のまにまに従容として死地に突入する三勇士の行動と精神とを、児童の感

十七

キグチコヘイ ハ テキ ノ
タマ ニ アタリマシタ ガ、
シンデモ ラッパ ヲ
クチ カラ ハナシマセン
デシタ。

（第三期修身、一の十七）

動を通して、魂に強く焼きつけようとしたものである。かくして、「海行かば水《み》づく屍《かばね》、山行かば草むす屍、大君のへにこそ死なめ、かえりみはせじ」の精神を自然に体得し、平戦時を問わず、常に真の皇国民としての本分に邁進する心に培(ママ)おうとしたものである。

（『初等科国語二 教師用』一九四三年）

目標が変わった例

つぎに、五期四十数年をへる間に、同じ軍国日本を称揚するものでありながら、重点のおき方に変化が生じ、その結果が個々の軍事教材の指導目標の変化となって教材の改廃へと連動していった例をあげておこう。これにもじつは二つの種類がある。ひとつは、新しい目標にあわせて旧素材を解釈しなおして新教材をつくるばあいである。もうひとつは素材そのものを一新し、したがって旧素材は廃棄ということになるばあいである。まず前者、新目標・同素材の例として、木口小平関係教材の目標解説をあげてみよう。カッコ内は教科書中の題名である。

木口小平一等卒

(1)第一期本（修身、二の二十四、ユーキ）

〈目的〉勇気を起さしむるを以て本課の目的とす。（『尋常小学修身書巻一 教師用』一九〇三年）

(2)第二期本（修身、一の十七、チュウギ）

〈目的〉忠義の心を起さしむるを以て本課の目的とす。（『尋常小学修身書巻一 教師用』一九一〇年）

(3)第四期本（修身、一の二十六、チュウギ）

〈目的〉忠義の心を振興せしめ、天皇陛下の御為には一身を捧げて尽くすよう心掛けしむるを以て本課の目的とす。（第三期本も同じ――引用者注）

なおこの第四期本の解説書には、〔注意〕として「戦場に出ない者でも、自分自分の職場を守って国の為に働くのが天皇陛下に忠義を尽くすことになる事を諭すこと」（『尋常小学修身書巻一教師用』一九三四年）とある。

陸軍歩兵一等卒木口小平の明治二七、八年日清戦争成歓の戦場での言行を素材にしてつくられたこの軍事教材の歴史は、岡山県川上郡成羽村出身の一職人兵士の同じひとつの行動が、時期により異なる目標のもとに教材化された例である。第一期本では「勇気を起させる」というどこにでも通じる一般的徳目だったのに、二期本以後では、これが天皇の国家にむけての勇気という枠のなかに閉じ込められて、「忠義の心を起さしむる」「天皇陛下の御為」となる。第四期本の〔注意〕はその頂点を示している。ところが木口小平は、こうして天皇の軍隊である皇軍の価値秩序にくみこまれて極点まで登りつめるとともに、突然消される。その背後には、じつは、さきにのべた軍事行動の近代化にともなう指導目標の大きい転換があった。そして、この転換が、あとにのべるように、第五期にいたって大量の新出軍事教材が誕生する原因となるのである。

橘中佐のばあい

指導目標の変化の余波は、旧教材中の木口関係のものだけにとどまらず、海軍中佐広瀬武夫を主人公にする教材、それに広瀬と対になって登場してきた陸軍中佐橘周太を主人公にする教材などにも及んでいる。ただ橘のばあいはすこしちがっていた。

橘は第二期以来のながい歴史をもつ教材の主人公だったが、この間ずっと国語教材で、題名に橘の固有名詞をつけてあるものだった（「橘中佐」第二期、八の二十四―五ほか）。それは「平生カラノ行」の「リッパ」さをとりあげ、日常生活上の人格者として、この軍人をたたえる教材だった。ところが、橘は、木口が排除された第五期本で、固有名詞ぬきの「軍神のおもかげ」（三の九）の題名のもとにもっぱら「軍神」の側面からだけ教材化されるとともに、国語科から修身に移された。抽象化されつつ排除どころか格上げされたのである。広瀬武夫もこの第五期本では比重が軽くなるのだが、なぜこのようなあつかい方の違いが生じたのだろうか。その理由については、あとで考えてみたい。第五期本修身教師用指導書の説く教材「軍神のおもかげ」の指導目標はつぎのとおりである。

軍神の最後を彷彿せしめることによって、教育に関する勅語に「一旦緩急アレバ義勇公ニ奉ジ」と宣わせられた聖旨のほどを深く体認せしめ、至誠忠の生涯をおくらんがためには、平素の行為こそまさに大切であるゆえんについて弁《わきま》えしめようとするところに本教材のねらいがある。（『尋常小学修身書三　教師用』一九四三年）

新目標新素材　第五期本には、軍事行為の近代化にともなう新しい指導目標にあわせて、素材も新しいものをとる新教材が大量に登場した。新目標・新素材の新教材というべきものである。その指導目標の解説例をあげよう。カッコ内に素材を示しておく。

○「よもの海」(第五期修身、三の十七、太平洋戦争)

大日本帝国は肇国以来の神意を体し、これを世界に宣布する道義の国である。わが国史の発展は、この道義的世界の建設をめざして一貫し来っている。(中略)本課は即ち、このところに主題を求めて、大御心を奉戴し、皇国の道義的使命の遂行に邁進するの根抵を鞏固ならしめようと図るところに根本の趣旨がある。(『尋常小学修身三 教師用書』一九四三年)

○「珊瑚海の勝利」(第五期国語、八の付四、珊瑚海海戦)

(この)教材は航空母艦に便乗してこの海戦に参加した海軍報道班員の手記に基づいたもので、一、二、三の小節に、分れて居り、㈠では五月七日の攻撃が、㈡では翌八日の海戦が、㈢ではその夜の感激が述べてある。海戦のようすを読みとらせるとともに一身を捨てて祖国のために敢闘するわが勇士の尽忠に感銘させるべきである。(『初等科国語八 教師用書』一九四三年)

なにを教えるのか内容のはっきりしない目標論だが、これが、認識よりも「感銘」の指導の方を重視した国民学校令による教育原理の特質だった。この期の軍事教材の従前と異なるもうひとつの特徴は、ひとりふたりの将兵の勇敢で忠義な精神ではなく、密集した全体の隊列のなかで、目立たぬ、しかし不可欠の働きをする集団的精神と行動の教育を目標においている点で、そのため素材も、広瀬中佐や木口小平といった固有名詞をもつ特定の人物ではなく、不特定多数者の軍事行動に求められる。第五期国定本の編纂者がこの原則にいかにこだわったかがよく出ているのが、教材「特別攻撃隊」(修身、三の十五)である。これも新出教材であるが、一九四一年一二月八日ハワイ真珠湾攻撃に参加した「九軍神」という特定の人物をタイトルに出した趣旨を誤解してはならないと、教師用書はつぎのように説いている。

特に本課に於いて特別攻撃隊の九軍神を正面に掲げたのは、その一人一人について説話をすることを根本のねらいとしたものではなく、むしろ協力一致以て精華あらしめた点を強調せんがためである。(『初等科修身三 教師用』一九四三年)

同性格の教材に、「兵タイサンへ」(ヨイコドモ、下の十)、「にいさん」(修身、一の十一)、「大陸と私たち」(同、二の二十)、「戦勝祝賀の日」(同、四の十九)、「新しい世界」(同、四の二十)、「映画」(初等科国語、二の九)、「姿なき入城」(同、六の三)、「十二月八日」(同、六の九)、「不沈艦の最後」(同、六の十)、「ダバオへ」(同、八の三)、「マライを進む」(同、八の十三)などがある。

軍事教材研究の課題

図書監修官たちがその作成した軍事教材に記した指導目標を調べてみていえることは、素材としての軍事行動によせられてきた期待が、狭い意味での軍人精神や軍事の知識・技能につきるものではなく、もっとひろく、近代日本の国家目標やその倫理性全体の体現者、その精神原理の源泉といったものだったということである。強い教材の代表例である将軍乃木希典は、国内外の戦争における将軍としてよりも、「清廉」(第三期修身、六の十五)、「公徳」(第四期修身、五の四)、「至誠」(同、六の二十)などの人格的徳目を教えるための素材として、そのふるまいが教材化された。同時代の軍の指導者層がくりかえし説いたところによれば、それが皇軍の「教育性」「道義性」ということである。そこでは、近代日本の国定版価値体系にとって善とされ、真とされ、美とされてきた行為と精神の多くは、軍と軍人の言行によって代表されると考えられていた。もちろん、軍の指導者や国定教材の製作者によってそう考えられていたということは、事実がそうであったとか、あるいは国民にとって真実そうであったとかいうこととは別問題であり、じつはこの期待と事実の間の矛盾と競合関係から国定軍事教材の改廃、加除をめぐるドラマがはじまる。

この矛盾が激化して教材の表面に破綻が現われてこないようにするためには、まず第一には、日本の軍と軍事の現実が、さながらに「金甌《きんおう》無欠」の「皇軍」であり、「軍神」と「神兵」の倫理集団であることが必要条件である。日本軍部の歯止めのない腐敗がその倫理性の強調とはうらはらに進んでこの条件が失われてゆくとき、軍事教材は破綻し、軍事教育はこれすべて虚偽意識の押しつけ教育——教育としての破綻になっていく。

軍事教材や「軍国美談」が、民衆の戦争と軍隊体験を軍部の立場から活用すべくとりあげ、美談化したものだということは、この美談をめぐって、軍部と民衆が相互にかけひき、協調、競合、抗争の関係に入るしくみができあがっていたことを意味している。国民の目には一見なにげなくおこなわれてきたかにみえる密室のなかでの国定軍事教材の存続・改廃の歴史を深部で動かしていたのは、じつは教科書の「軍国美談」を舞台とする軍部と民衆のこの協調と確執の力学だったのではないか。わが図書監修官の黙して語らぬその舞台裏をあかるみに出すことこそ、軍事教材史を民衆史のひとつとしてひもとこうとするもののめざすところである。

II

軍国美談と民衆——軍事教材改廃の歴史

「一太郎やあい」の母(香川県多度津町桃陵公園)

II　軍国美談と切支丹

1　「強い教材」の精神的支柱

(1)　国家原理と教材目標

強い教材とは何か

強い教材とは、ひとたび採用されるや敗戦により廃棄されるまで安定した地位を国定の教育課程の一角で保ちつづけた教材のことである。初等学校の教育課程は、近代日本では国家原理の体現者であり、国家制度の支柱のひとつだった。それゆえ、そのなかで安定した地位を保っていたということは、これら強い教材が、時代の変化によっては左右されない日本の国家原理の深部に深く根を下していたことを意味する。強い教材の製作原理を調べていくことによって、近代日本の真の国家原理がなんであったかがわかってくる。

強い教材には、さきにあげた乃木希典を素材にした「水師営(の会見)」(第二期国語十の十二ほか)、「清廉」(第三期修身六の十五)、「公徳」(第四期修身五の四)、「至誠」(同六の二十)、「乃木大将の少年時代」(第三期国語八の二十八ほか)、また靖国神社を素材とした「靖国神社」(第一期国語高小一の四ほか)、軍国の母有村おとげさを素材とする「水兵の母」(第一期国語高小一の五―六ほか)のほかに、大元帥としての明治天皇をあつかう「テンノーヘイカ」「天皇陛下」(第一期修身二の二十三ほか)、同皇后を従軍看護婦の頂点に立つものとしてあつかう「こーごーへいか」「皇后陛下」(第一期修身三の一ほか)、台湾で戦死した皇族能久親王を素材とした「北白川宮」(第一期国語六の二十一)、「能久親王」(第二期修身四の二ほか)、海軍の水兵の日常生活をあつかう「軍艦生活の朝」(第二期国語修正本九の十四ほか)がある。水兵とならぶ陸軍兵士の日常生活を素材とするものとしては同題同文章で一貫しているものはないが全期を通じて必ずとりあげられている(第一期国語八の七「武雄の入営」、第二期十の八「入営する友におくる」、第三期六の十一「入営した兄から」、第四期四の十四「ニイサンノ入営」、第五期四の十五「にいさんの入営」)。これらを入営・兵役関係教材と総称することにしよう。

指導目標の適合性

これらの軍事教材は、なぜ強くありえたのだろうか。理由なくそうだったはずはないから、つぎにこの問題を考えてみよう。一般的にいって教材の有効性、つまり「強さ」は、指導目標の適合性と経験界からえらばれた素材の適切さに規定される。その改廃理由は、目標が不要になったか、素材が不適切になったかのいずれかまたはその両方である。そうだとすると、強い教材群は、全期間中、指導目標・素材いずれにも欠陥が生じなかったものということになる。まず、その目標の適合性の方から考えてみることにしよう。

天皇、皇后、皇族の「ご事蹟」や「ご高徳」を教えてゆくことは、日本国家の存続にとって不可避の課題だった。陸海空の全軍をひきいる大元帥としての天皇、全従軍看護婦がその櫛飾りからとった桐の花の衿章をつけることになる彼女たちの長としての皇后、そして皇族であることのあかしとしての軍籍をもち、台湾で戦死した能久《よしひさ》親王、この三者が、近代日本の国家制度を支える皇室と軍の両支柱を一身に体現している存在である点に注目したい。「能久親王」第五期修身の教材目標解説書は、その「趣旨」をつぎのようにのべている。

わが国は皇室を中心として栄えて来た国であって、われらは皇室を宗家として仰ぎ奉り、皇室の御栄えのため奉公のまことを致すを以て、無上の栄誉とする御民《みたみ》であること、改めて説くまでもない。しかるに、明治天皇の大御代、北白川宮能久親王には金枝玉葉の御身で、遠い台湾の地に御出陣あそばされ、親しく第一線に立たせ給うて、皇軍将兵に実践の範を垂れさせられ、御奮闘あらせられたのである。本課は即ち、この能久親王の皇国のため御辛労を重ね給うた御高徳のほどを偲ばしめ、児童をして、いよいよ忠誠の念に燃えしめようとするものにほかならない。(『初等科修身二 教師用』一九四二年)

乃木希典のばあい

乃木希典関係教材が教えようとしていた清廉、公徳、至誠、温情といった徳目も、よく検討してみると、一般的な人格目標というより、この天皇制原理に帰着する徳目である。これらの徳目を担う乃木像は、国定教材その他をつうじて国民のあいだにひろめられただけではなく、外国にまで語り伝えられるようになった。一九一三(大正二)年二月ニューヨークで公刊されたアメリカの日露戦争従軍記者スタンレー・ウォシュバーンの著『乃木』(邦訳一九四一年、目黒真澄訳)はこうのべている。

第十五課　清《せい》廉《れん》

明治三十七八年戦役に、陸軍大将乃《の》木《ぎ》希《まれ》典《すけ》は第三軍司令官として出征しました。ある時、家族へ手紙を出そうとすると、巻紙がなくなっていました。卓上《たくじょう》には軍用の郵便紙がたくさんありましたが、大将はそれには手もふれず、そばにいる参謀長《さんぼうちょう》に「紙の持合わせはないか。」と言って、半紙をもらって用を弁じました。

(後略)　(第三期修身、六の十五)

日本人の性格には、一種微妙な本能がある。即ち理想と自我とを融合させ

ようとする傾向が、はっきりした強い底力となっている。乃木大将の生涯は、この日本人の特質をそっくり具体化したものである。(中略)その個性に於ても、その生涯に於ても、この思想を実現して、更に殉死によって全国民に向って、これを立証したのである。

入隊・兵役関係教材　天皇制原理は日本の社会集団を家父長制の家族原理で染めあげた。そこで、人びとはこれを、「一君万民」の家族国家ともよんできた。現実の家族だけでなく、工場も、会社も、学校も、そして軍隊もまたこの一君万民の家族原理で編成され、管理された。軍隊がそういうところであること、つまり、「兵営」内では、「大元帥」の前に、百姓のせがれと富豪の御曹子のちがいが消失し、大学出と小学卒の学歴差もなくなり、そこに一種の共同体社会が現出することが教えられなければならない。この認識が欠けてしまっては、皇軍の皇軍たるゆえん、その道義性も優越性も影がうすくなり、傭兵、外人部隊などという存在をかかえる中国やアメリカやヨーロッパの軍隊と同じものになってしまう。日本的集団主義のこの軍隊版は、ぜひとも教えてゆかねばならぬ。こうした要請を、「入営・兵役」関係教材は、まともにうけている。そしてこれに応えることによって、強い教材たりえていたのである。第四期国語「兵営だより」(七の十二)の指導目標について、井上赳図書監修官は次のように説いている。

(本教材は)他律的に固苦しく義務観念を植附けようとするのでなく、自律的に積極的に修養する現代兵営の具体的な表現である。「兵営は、いわば一つの大きな家庭で、其の日常生活の間に、軍人としての精神をやしなう所なのです。中隊長殿がおとうさん、班長殿がおかあさん、僕等は子供で、兄弟のように仲好く助け合って、勉強したり教練したりします。」の如きは、決して兵営生活を故意に明朗化しようとする文章の作意ではなくて、現在の兵営生活そのものがこうした理想と指導精神の下に営まれているのである。(岩波講座『国語教育　小学国語読本綜合研究』巻七〔第三冊〕、一九三七年)

井上は「作意」でなくこれが「現在の兵営生活」の実相だと説いているが、ほんとうにそうだったろうか。じつは「作意」の面があることがかれら監修官自身にも認識されていて、これが教材づくりのじっさいの作業に影をおとす。「ニイサンノ入営」(第四期国語四の十四)は監修官の意図するところでは、「勇ましく入営する兄、村の人々の親切、母親の行届いた優しい心添、父親らしい温情、これ等の美しい人情の交響楽」をえがきだしたもの(同右、巻四〔第三冊〕、一九三六年)のはずであった。二・二六事件のあった一九三六(昭和一一)年、日中戦争開始の前夜、国語学者の西尾実はこの教材に解説を加え、つぎのようにのべた。「入営の日は、その郷その村に於ても晴がましい一日である」。しかし、この教材は「勇ましい入営を喜ぶ心の底に、別れを惜しむさびしさが潜んでいるためか、稍《やや》文に生彩が乏しい感がある」と(同右)。

このような事情が伏在していればいるほど、これら入営・兵役関係教材は、国家にとってはおとすことができない重要教材になっていく。

靖国関係教材

教材「靖国神社」の指導目標を考えてみよう。

靖国神社の原型は招魂社である。招魂とは死者の霊を天から招き降して鎮魂するの意である。その起源は古代にさかのぼるが、平安期に入るころから死者の怨念をはらすことを目的とする御霊《ごりょう》信仰ともまざりあいながら、戦国期になると、祟りなきよう戦争で死んだ敵味方を弔う習俗に発展した。靖国の思想も、神道ふうのこの招魂の思想をうけついでいるのであるが、両者の間には決定的なちがいがあった。戦国期の招魂の思想は、仏教の影響もあって、死ねば敵も味方もないという神道の立場からの一種のヒューマニズムに達していたのに対して、靖国の思想によれば、天皇に敵対したものは死後も未来永劫に「内外の国の荒振寇等《あらぶるあだども》」つまり賊徒であり、逆に天皇に従うものは天皇のために死んだという一点の功によって生前のあらゆる犯罪、罪罰から放免され、神とあがめられる存在になるとされる。つまり、靖国は、天皇の力が、地上のあらゆる犯罪、道義上の悪を駆逐して、万民の解放を自らの意志によってなしとげる場である。教材「靖国神社」には、ここのところが簡潔に説かれている。

第三　靖国神社《やすくにじんじゃ》

靖国神社は東京の九段坂《くだんざか》の上にあります。この社《やしろ》には君のため国のために死んだ人々をまつってあります。春四月三十日と秋十月二十三日の祭日《さいじつ》には、勅《ちょく》使《し》をつかわされ、臨時大祭《りんじたいさい》には天皇・皇后両陛下の行《ぎょう》幸啓《こうけい》になることもございます。君のため国のためにつくした人々をかように社にまつり、又ていねいなお祭をするのは天皇陛下のおぼしめしによるのでございます。わたくしどもは陛下の御めぐみの深いことを思い、ここにまつってある人々にならって、君のため国のためにつくさなければなりません。

（第三期修身、四の三）

靖国神社の威力は、この種の政治制度上のものに加えて、もうひとつ日本人の死生観に根を下しているところからもくる。神殿にたって柏手《かしわで》をうてば、万里の彼方で死に、億万里の彼方へ去った息子や夫たちの魂が瞬時に目前にかえってきて対話すら可能となる。生けるもののこの世と死せるものの霊界の間に断絶をみず、死を永遠の別離としない日本人の民族的死生観を、この国家制度は見事に活用して、現実には兵士とその家族たちを死の局面にさらしていたのである。靖国神社は、これまた、近代日本の国家機構を、国民感情の深部から支える巨大な精神的空間だったといわねばならない。そのゆえんを教えつづけることの国家指導者にとっての価値は、はかり知れないものがあったといえよう。

母性社会原理

教材「水兵の母」の担っていた指導目標は、息子を国家に捧げ、息子が国家に功をつくすことだけをわが生きがいとする軍国の母像である。第五期に至って、この種の教材のほとんどがおとされたときにもこれが生きのびたということは、日本社会の母性原理がもつ国家指導者にとっての重大性をあかしていることがらなのだろうか。

強い教材の強かった理由をその担っていた指導目標の側面からさぐっていくと、それぞれが根ざしていた近代日本の国家原理として、天皇制原理、家父長的共同体原理、生死一体の死生観、母性社会原理の四つがうかび出てくる。強い教材の強さの理由をさぐるうえでやらねばならぬつぎのしごとは、右のような指導目標との間に一分のすきもない素材を得てその教材化がおこなわれていたかどうか、つまり素材の適切さの問題である。天皇や皇族関係者のばあいは、その現実の姿は国民の日常界から遮断され、いわば抽象的存在になっているから問題の発生する余地はないが、それ以外のばあいにはこれも重要な要件となる。つぎにこの点を調べてみよう。

(2) 乃木「神話」のしくみ

乃木希典の条件

乃木希典のそなえていた実際生活上の条件は、なにゆえに素材としての適切さ、ひいては乃木関係教材の強さの原因になっていたのだろう。人間乃木を調べてみると、日露戦の将軍、高潔な人格者という条件に加えて、さらに、皇室関係者であること、そして「農士」という条件がうかび出てくる。

忠良なる軍人や人格者という点では、第五期にかけ淘汰されていった木口小平や広瀬武夫と、乃木はさほどかわりはない。かわりないどころか、後でのべるように見方によっては欠点すらあった。乃木が、木口や広瀬のもたないものを備えていたとすれば、それは学習院長というポストの経験者であり、現に明治天皇の親任も厚かったという条件である。同じ条件は、修身科教材に格上げされて存続した東宮武官橘周太もそなえていたところだった。この条件によって、乃木も橘もそして能久親王も、個人主義的な古いヒロイズムがしりぞけられ、匿名の不特定多数者の集団的ヒロイズムが主人公となる第五期の淘汰をまぬかれて生きのびることができた。なぜかというに、古いヒロイズムをしりぞけていった日本における軍の近代化過程は、「民主主義」ならぬ「一君万民主義」による近代化過程だったからである。清廉、公徳といったその人格的徳目が意味をもってくるのも、この脈絡のなかにおいてこそである。乃木や橘を、広瀬や木口、そして他にもいただろう軍人人格者なみに扱うことは、新しいヒロイズム時代の日本的特質を忘れた不穏の行為というべきである。まことにわが図書監修官たちの神経はひろくゆきとどいていたというほかない。

淘汰されるどころか、逆に修身・国語両分野にわたって数多くのバリエイションを増殖させていった乃木希典のばあいには、これにさらに、「一国元気の基礎は農業」(乃木のことば)とする、農本主義国家日本の武人としての条件が加わる。「大将が亦、武人たる半面において一農士たることを理想とされしことは那須野に農耕生活を送られし事蹟に鑑みてあきらかなり」(渡辺求『乃木大将と農事日記』序〔林銑十郎〕、一九四三年)。乃木が那須野石林の別墅に入って農民の生活にかえったのは、一八九一(明治二四)年、九八年、一九〇一年の三回、休職の度ごとである。石林での乃木夫妻の生活は、ムラ共同体指導者としてのエピソードに満ちあふれている。

皇室、軍、ムラ共同体――近代日本を支えていたこの三大支柱を一身に体現していたのが乃木希典である。これがかれのつよみ――国定教材の素材としての適切さの源泉である。

適切さとしてのキズ

軍の指揮官、そして国定教材の説こうとしたあれこれの人格的徳目の体現者という点になると、現実の乃木希典は必ずしも完璧ではなく、素材としての適切さにひびくいくつかのキズすらもっていた。第一、「武士道」の権化としての将軍は必ずしも近代戦のよき指揮官としての資質になじまず、西南戦争のとき以来、乃木が戦勝の指揮官になりえた場合は必ずしも多くない。国定教材がことあげした日露戦の旅順攻略は、乃木指揮官一人の力によるものではなく、新しく派遣された総参謀長児玉源太郎の助力によってなしとげられたものであった。この事実を隠して乃木の功としたのは、軍のさしがねでつくられた佐佐木信綱作の国定教材「水師営の会見」(二一ページ参照)である。真相は軍指導者層のあいだでは公然の秘密であり、だれよりも乃木自身がよく知っていた。乃木の天皇むけ日露戦復命書はいう、「然ルニ期クノ如キ忠勇ノ将卒ヲ以テシテ、旅順ノ攻城ニハ半歳ノ長月日ヲ要シ、多大ノ犠牲ヲ供シ(中略)シハ、臣ガ終生ノ遺憾ニシテ、恐懼措ク能ワザル所ナリ」。

乃木が死後に残した遺書は伯爵乃木家の廃絶を求めていた。ところが政府は、遺書発表にあたってこの項をけずることをあえてし、三年後には乃木の旧藩主の弟を据えて断絶していた乃木伯爵家を再興させた。そればかりではない。その殉死の日、最初の、直接の目撃者である警視庁医務科の岩田凡平医員の検死報告書の発表をおさえ、一年後に同医員がその写しおよそ六〇部を知人にくばろうとしたときにもこれを押収した。三支柱を一身に体現していた存在としての乃木像は、かれ自身の意図に発するというよりも、むしろかれの意図に反して、国家によってつくられた虚構の部分をふくんで成り立っていたものであった。

「較差」の性格

だが、このような、いわばキズになる部分の存在にもかかわらず、乃木のじっさいの言行が、日本の国家理想になじむものをもっとも豊かにもっていたことは否定できない。日本軍事史の研究者である松下芳男は、その著『日本軍事史説話』(一九七五年)のなかで乃木希典に言及し、「陸軍将軍の中で、乃木大将ほど長く国民の脳裡に宿っている人は少ない」としながらも、「その乃木将軍について奇妙に感じられることは、この将軍ぐらい表裏の較差の多い人はあるまいと思われることである。その較差とは、その少壮時代と老成時代、その公の場合と私の場合の行動の差異である。乃木将軍論はこのことを忘れてはならない」とのべている。なるほど、乃木日記の伝えるじっさいの乃木は、必ずしも「清廉」ではない。一八七九(明治一二)年、希典三一歳、東京鎮台歩兵第一聯隊長時代の日誌の一部。

八月一日　賀レ舟言問イ(橋)ニ遊ブ。八百松ニ上陸、小酌、有レ興。
三日　日夕小笹原・大見来、小酌。夜騎シテ第二ノ営ニ入リ、帰路ハ勘丁ヲ経テ帰ル。
四日　銀座ニ玉屋、丹波屋ニ入ル。一度帰宅、又乗車(中略)飛鴎楼ニ寄リ、……萬里軒ニ晩餐。(中略)帰路亀清ニ寄リ、車ヲ雇テ帰ル。途ニ兵庫屋ニ入リ、宮吉・門松ヲ召ビ、酔ヲ加エテ帰ル。

少壮時代は柔弱で放蕩、それが功なり老成すると、それこそ清廉、温和、至誠等々修身教科書の期待する人物どおりになる。そして公的生活面ではこれまた修身教科書的人物だが、私生活では妻を虐待し子をいびるの小暴君。これが松下の問題にする乃木の「較差」である。しかし、近代日本の官製道徳は、もともとそういう倫理の二重性、公私と表裏の背反をもって特質としており、乃木はその特質を、いわば矛盾なき「較差」として純粋に保持していたがゆえに「国民の脳裡」にまといついてはなれぬ大衆性をもちえていたのではなかったか。天皇制国家という大共同体の道徳を矛盾なくつなぎ再生産していこうとする修身科は、そのたてまえの部分だけを組織するから、この分野にあらわれる乃木は、清廉、至誠など理想的な教科書的人物となり、松下の指摘するかれのもうひとつの側面をおとしてしまう。これに対して国語科は、国語教育としての本質に徹すれば徹するほど対象とする人物を全面的にあつかわざるをえなくなるため、同じ国定教材でも、この分野の教科書にあらわれる乃木の言行には、松下の「較差」として指摘する乃木の側面が姿をみせていて興味深い。

乃木大将は、幼少の時体が弱く、其の上臆病《おくびょう》であった。幼名を無人《なきと》といったが、寒いと言っては泣き、暑いと言っては泣き、朝晩よく泣いたので、近所の人は、大将のことを、無人ではない泣人《なきと》だと言ったということである。(第四期国語七の二十六「乃木大将の幼年時代」）

不死身の乃木

一九一二（大正元）年九月一三日、乃木希典夫妻は、明治天皇のあとを追って殉死した。最初の目撃者岩田医員の検死官らしい客観的報告書を別にすれば、この妙に日本人の「脳裡に宿って」はなれない人物の人がらに呪縛されていたのか、事件に接して本来ならその「時勢遅れ」（漱石『こころ』）の行為に眉をひそめるはずの同時代の知識人たちの評価はどれもこれも、なんともさえなかった。森鷗外同年九月一八日の日記は、「午後乃木希典の葬を送りて青山斎場に至る。興津弥五右衛門を草して中央公論に寄す」とある。こうしてかれの歴史小説第一号となった『興津弥五右衛門の遺書』の主人公は、殉死のことを「見聞候につけ、いかにも羨ましく技癢《ぎよう》に不堪《たえず》候」と語る。そこには乃木殉死の直前の鷗外――明治の国家神話をひとまずは認めるとしても、これをあくまでひとつの政治的擬制としてつきはなし、その下でさめた知性を育てていこうとしていた『かのやうに』（一九一二年一月）の著者としての鷗外の姿はない。鷗外ほどに明治の国家秩序に組みこまれていなかった夏目漱石になるともっとさめてくるが、やはりかれも自由でない。一四年四月二〇日から朝日新聞にかれが連載しはじめた小説『こころ』の「先生の遺書」は、その自殺をつぎのように説明する。

「私に乃木さんの死んだ理由が能く解らないように、貴方にも私の自殺する訳が明らかに呑み込めないかも知れませんが、もし左右だとすると、それは時勢の推移から来る人間の相違だから仕方ありません。」

スタンレー・ウォシュバーンの筆はさらにさえない。「欧米の人々は、恐らくは自殺誘発の精神には同情しがたいであろう。しかし、此の偉大なる将軍の死を批判せんとせば、我々自らの標準を以てせず、必ず先ず将軍の宗教と、其の祖先の遺風との見地からせねばならぬ。」

もっとも自由だったのは学習院出身の作家、志賀直哉である。かれは、乃木殉死の翌日の日記に、「乃木さんが自殺したというのを英子からきいた時「馬鹿な奴だ」という気が丁度下女かなにかが無考えに何かした時感ずる心持と同じような感じ方で感じられた」と書いている。しかし志賀のこの「自由」は、近代日本の特権階級の自由であり、他のそれと同列に論じることはできない。乃木を人柱として、このときあらためて国民意識に根を下した、天皇を頂点にいただく精神共同体の壮大な殿堂は、位階勲等なき一平民の手によって下から破棄されたときはじめて、音をたててくずれる。乃木の言行を素材にしてつくられてきた国定教材の数々は、そのときはじめて色あせる。

「富の教育」の敗北

この殿堂の人柱に真正面から挑戦した人物が同時代にいなかったわけではない。同時代の新教育論「富の教育」「活人物」像の提唱者として知られる京都帝国大学文科大学教育学・教授法講座担当教授谷本富《とめり》がそのひとりである。谷本は、同年九月、志賀と同じ殉死＝時代錯誤説を、国立大学教授という、大学自治の慣行成立以前で官吏服務規定(一八八七年)をまともに受ける立場にあって、公然と一般新聞(毎日新聞)紙上に発表したのである。翌日から谷本への攻撃は激烈をきわめる。翌一三(大正二)年、谷本は兼務していた大谷大学、神戸高等商業学校の職を辞任。同年八月には、東北帝国大学から移ってきた、元文部次官で京都帝国大学総長の沢柳政太郎から「老若朽無能教授」の烙印をおされ、ここも辞任した。皮肉にもこの事件が、大学教授会の自治慣行成立の契機となる京大沢柳事件である。沢柳政太郎は、文部省在職時代に、修身教科書調査委員会委員、教科用図書調査委員会委員等々を兼ねて国定教材づくりを担ってきた人物でもあった。大学側は谷本を守ろうとしたが、国定教材の使用者層である初等教育界からの非難攻撃は激しく、谷本の出身県である香川県教育会は、本来なら誇り高きこのわが会員を逆に除名するにいたったのであった。文字通り、「死せる乃木、生ける谷本を走らす」の事態となったのである。

乃木希典関係の国定教材は、その指導目標の適合性に加わるこの種の恐ろしい力をもつ乃木神話に支えられて、第二期以来着々と発展してきていた。明治維新に対して「昭和維新」をかかげて国定教材の第五期大改革をすすめた軍部と超国家主義者たちも、近代日本の国家原理と国民感情に深く根を下していたこの人物には手が出せなかったのである。

(3) 靖国と兵営の一君万民原理

抽象的な素材

もうひとつの強い教材、「靖国神社」「入営・兵役」関係の素材は、乃木のばあいのような、特定の人物の特定の時点での実話や疑似実話ではない。素材の性格は、教材「天皇陛下」「皇后陛下」に近い。それらはいずれも、素材としては時空と個性を超え、抽象的で一般的という特異な性格をもつ。

監修官が意識していたかどうかわからないが、こうなるには理由があったように思われる。靖国と兵営(軍艦)生活は、一君万民主義の純粋空間の、いわば宗教版と世俗版である。教材「天皇陛下」は両界にまたがっている。「万民」としてあつかわれるということは、国民の側からみれば個性と時空を超えたものとしてあつかわれることを意味する。それゆえ、ここでは、上「一君」と同じく下「万民」も、固有名詞つきの存在ではなく、その本質に徹しようとすれば、抽象的人格へと昇華してゆくことを要請される。

靖国神社の祭神たちは生前の位階功罪に関係なくすべて同格であり、兵営内の兵士たちは、これまた、軍という聖域のもつ階級のまえに、実社会の階位たる学歴、財産、出生等に関係のない同格者とされていた。教材「靖国神社」は全四期すべてにわたり、また教材「入営・兵役」関係は全五期中四期までが固有名詞をもたぬ一般的記述である。後者は最初一回だけ、「武雄の入営」(第一期国語八の七)と題する固有名詞つきのものとして現われた。それもフィクションとしてである。しかし、次回改訂版からは、「兵営内の生活」(第二期国語十の十六)、「にいさんの入営」(第五期国語四の十五)といった固有名詞ぬきのものに変った。これには、右にのべたような、この種の教材づくりに働く社会力学が、意識、無意識のうちに、その製作過程に働いた結果と思われる。

素材の実体は分極化

だが、素材のこのような一般性は、教材の読み手たちの目標受容のかたちに、生活環境や体験のちがいに由来する大きい幅をつくりだしはしなかったか。日本人の軍と戦争体験中、この靖国体験と兵役体験ぐらい分極化のはなはだしいものはないからである。

前述のように、靖国思想は、もともと、維新期の激烈な政治抗争のなかから生まれてきた、神道史としてもこの時期だけの特有の宗教観念であり、その歴史もたかだか一世紀にしかならない。しかしその一世紀の間に、この無人格的でかつ排外的な祭主は、キリスト者など固有の信仰をもつものにとっては怨嗟のまとになるとともに、他方では現世、地上での救済者として機能してきた。一九三九(昭和一四)年靖国神社臨時大祭参列の遺族老母たちは口々に語る。
森川　あの白い御輿が、靖国神社へ入りなはった晩な、ありがとうて、ありがとうてたまりませなんだ。間に合わん子をまあ、こない間に合わしとてつかあさってなあ、結構でございます。
村井　お天子様のおかげだわな、もったいないことでございます。(中略)
森川　(前略)うちの子はほんとうにしあわせ者だ、つねでは、ああいう風に祀ってはもらえません。(橋川文三「靖国思想の成立と変容」一九七四年)
国家神道の解体した第二次大戦後になっても、靖国へのこの渇望は、これを利用するものもあって容易にひかなかった。五二(昭和二七)年、夫をニューギニア戦で失った元小学校教師の未亡人は語る。
村民各位の御協力の賜物と深く感謝いたしております。二人の英霊はやがて靖国神社に合祀され、なお達作さんは東京世田谷のある寺の境内に特攻観音として多数の隊員と共にまつられております。(中略)一時はその存在をさえ危ぶまれた靖国神社が、再び私達の護国神社として参拝できたことを心より喜しく思いました。(日本遺族会編『いしずえ』一九六四年)

「うらぶれの吾れにしあれどいとし子を国に捧げし誇りをぞもつ」(同右)というのは、五六年、ある遺族老父のよんだうたである。これが、教材「靖国神社」を支え、かつ教材「靖国神社」が一見したところ無表情に再生産してきた、日本人の心性のある部分である。

「入営・兵役」関係教材が素材として使おうとしてきた国民の軍隊経験にも同じ分極化がみられる。

軍隊経験

あるキリスト者学徒兵の四一(昭和一六)年三月二七日の日記。

軍隊生活を暗くするものはあの無智なる二年兵三年兵の行動にあるのだ。私は初年兵時代、この矛盾を軍隊より除きたいと沁々思ったことだった。それには何としても国民一般の教養を高めねばいかぬと思う。軍隊生活をして国民の楽しくも厳しい修練の道場たらしめたいと思う。(秋山宗三『「軍隊日記」(抄)ほか』一九七三年)

第二次大戦後公開された戦没学徒の手記『はるかなる山河に』(一九四八年)、『きけわだつみの声』(一九四九年)の筆者学徒と同じく、かれにとってもまた、教材「兵営だより」(第四期国語七の十二)のいう「中隊長殿がおとうさん、班長殿がおかあさん」というような兵営内人間関係は、どのような意味においてもヒューマニズムの範疇に属するものではない。したがって、教材「兵営だより」は、かれに代表される日本人にとっては、成功だったとはいえず、その強さは外見上のものだったことになる。じっさい、「兵営だより」他のうたいあげる軍隊内人間関係のうるわしさとその道義性を裏切る現実が、これらの教材が学校で教えられつつあったまさにその同じ時期に、皇軍のゆくところいたるところでひろがっていった。日中戦争中、中国側戦線後方にあって活動した在華日本人民反戦同盟が、四三(昭和一八)年、「中国戦場における日本軍部隊の士気」に関しておこなった調査資料によれば、日本兵士の「逃亡、自殺、反乱、行方不明」の原因・動機中最も多いのは、「上級兵の私的圧迫」である。いわく、「古兵の圧迫」、「古年次兵の私的制裁」、「軍隊の不公平」、「上官の圧迫」、「中隊幹部に対する反感」など(鹿地亘編『反戦資料』一九六四年)。

もうひとつの認識

ところが、まさにこれと同じ、もしくはこれと地つづきの現実を、しかも同時期に、軍の指導者のひとり田中義一いうところの「国民の学校としての軍隊」、つまり、軍の教育性を如実に示している事態だと、教材「兵営だより」の目ざしていたところさながらに認識していた人びとが、他方に存在していた。

その軍隊体験は、敗戦体験によってさして風化されないまま第二次大戦後までもちこされた。大牟羅良編『野良着の声』(一九六二年)はそのドキュメントのひとつである。東北の農村をまわっていた大牟羅は、新聞等の「軍隊式教育と新教育とに対する賛否」のアンケート結果と、農民からいろり端できく戦前・戦後評とのあいだにズレを感じたところから出発して、つぎのようなきき書きを得ている。大牟羅調査によれば、東北の農民のなかには、敗戦後一七年を経た時点で、「古年兵に上手にとりもち、要領よくやる奴が出、階級も上り、勲章が貰えるのが嫌だった」とする体験者がいる一方、つぎのようにその軍隊体験を語るものが数多くいた。

入隊以前は手紙を書けなかったり、無口でしゃべれなかった人でも、手紙も書け、ハキハキしゃべるようになった／いろいろの機械を見られてよかった／軍隊生活で編物を覚え、上手なので隣近所から頼まれて編んでいる／いろいろの手先の仕事をおぼえた、衛生知識を身につけた／とっても暗記など出来るもんでねェど思ってらったども、しまいにはおらだって出来るようになったからな／学校上りだなんていったって、二、三回たたかれるとヘナヘナってよ、ムジエ(不びんな)ようだったじぇ／〃自由〃など語る(軍隊)未経験者は口先ばかりで積極性がなく、かえって堕落的な生活をしている／経験者は一旦きまったことは責任を感じてこれを遂行するが、未経験者は理屈のみ多い／昔は兵隊に行って鍛えられて来て、妻を見つければ始めて一人前——といわれたもんだが、やっぱり軍隊でなくても、若けェ人達《ひだづ》鍛える訓練道場のようなところがあってもいい、など。

道徳教育から技術教育まで、まことに文字通りの「国民の学校」としての「軍隊」体験である。同じ体験をもっているものは、農民以外の他の階級にもいた。

軍隊も人間の集団ですからいい面もたくさんありました。私は階級は指揮するときのみで兵の掌握は人格によるといわれましたが、これは人生の基盤になりえます。今でも企業内で部下を掌握するのは、その人の人格であって決して部長とか課長という肩書きではない。／かつての軍隊生活の初めの一年というものは貴重な体験だと思えるのです。あの生活の中からノイローゼもうまれないし食べものの好ききらいもなくなる。／軍隊では苦楽を共にした、いわば戦友があった。同じカマのメシを食い共にナグラれた仲間という意味で戦友愛は、戦後のいまも助けられたり助けたりしてつづいていますが、これも尊いと思います。

等々と、『京都新聞』六七年八月一五日敗戦日号で語っているのは、戦後日本の高度経済成長下の企業社会を担った中間層の軍隊体験者たちである。

「入営・兵役」関係教材は、このような国民の軍隊経験を素材に吸収しながら「強い教材」の地位にのぼり、かつまたこの国民経験を、軍の教育性というイデオロギーの強化と再生産に役立ててきたといえる。第五期国語巻四の第十五課「にいさんの入営」の一節をあげておこう。

まもなく、新しい軍服を着た一人の兵たいさんが、私たちのところへ来ました。見ると、

それがにいさんでした。見ちがえるほどりっぱな兵たいさんになっていたので、私はびっくりしました。（傍点引用者）

三者相即

予備知識なしで一読しただけでは、兵営生活の意味について、さほどの情念もよびおこさないこの陳述。しかし、日本の青年を「見ちがえるほどりっぱな兵隊さん」につくりかえるこの兵営という機構の意味は、軍の比重の増大とともに日本の各種職場、学校、学級いたるところに根をはりはじめた兵営内務班さながらの人間関係のなかで陳述されるとき、にわかにリアリティをおびる。

山本七平の『私の中の日本軍』（一九七五年）は著者の太平洋戦争下での体験記録である。かれの記録する兵営生活の精神力学は、太平洋戦争下の日本の学校の教師と生徒、上級生と下級生のあいだに多かれ少なかれ働いていたものだったともいえる。

こういった状態が毎日のようにつづく。リンチとゴマスリ競争と思考の停止と一種の条件反射、それに、もうどうにでもなれといった諦めが奇妙な相乗作用となり、まるで催眠術にかけられたように、歩けといえば歩き、撲れといえば撲り、靴の底や痰壺をなめろといわれればなめ、ついに「総括者」が直接手を下さなくても、向い合って撲り合えといわれれば、互いに本気で撲り合いをする私的制裁の極致「対抗ビンタ」まで可能になっていく。

将校集団が利用することはできても干渉はできないようになっていたこの兵士相互の間の恐怖と緊張が、一切の思考停止という「軍隊ボケ」をつくりだすとともに、他方では、まことに不思議なことに、この恐怖からのがれようとする「和気あいあい」の一見あたたかいかにみえる人間関係を関係者のあいだにつくりだす。それに山本によれば、集団秩序の陰の統率者ともいうべき「リンチ」のリーダーは、腕っぷしだけで教養ゼロの「無智なる二年兵三年兵」だけではない。作家の野間宏がかつて自らの体験にもとづいて「真空地帯」とよんだこの闇の空間の主は、山本によれば古参兵、つまり年功上の「先輩」兵であることは事実だが、決して入営前「社会の底辺にいた人」ではなく、学歴からみても大学卒、高師卒、中卒の学校優等生であり、おまけに容姿まで「絵のように美しい」軍隊内の「超エリート」たちであった。

山本の体験はすこしばかり特異なもののようにわたくしには思える。しかし全くの虚構ともいえない。もしこれが一般的だったというのなら、学校優等生、残虐をきわめた内務班リンチのリーダー、そして戦後日本企業の優良社員、一見したところ別の社会カテゴリーに属するかにみえるこの三者は、近代日本の社会体系のなかで奇妙にだぶってあぶり出されてくる。「入営・兵役」関係教材に、抽象度の高い形で適切な素材を提供していたのは、まだどこかに残っていそうにも思えてくる日本人のこのような心性である。

(4)　「水兵の母」のねばり

教材「水兵の母」の水兵は実在の人物で、じっさいあったかれの言行がその素材となっている。しかし、かれには、他の強い教材のばあいのような皇室とのつながりなどはない。そのうえ、素材の適切さという点では深刻なキズを負っていた人物だった(後出)。それがなぜ強い教材になりえたか。

「水兵の母」の由来

素材は日清戦争の一挿話。第一期国語、高等小学読本に「感心な母」の題名で登場して以来、第五期本まで連続登場し、「入営・兵役」ものと並んで、最長の記録をもつ。素材の提供者は、第一期教科用図書調査委員会の海軍側代表委員子爵小笠原長生であった。小笠原には『東郷平八郎伝』(一九三一年)、『忠烈爆弾三勇士』(一九三二年)など、他にも国定教材の原典や参考文献になったドキュメント類があるが、「水兵の母」のそれは、当時軍艦高千穂に乗り組んでいたかれが、日清戦従軍中、手帳に書きとめておいたものをあとで整理したドキュメント『海戦日録』(一八九六年)だといわれる。

水兵とその母が誰であるかについて、『海戦日録』は「余の部下」で「某が家は世々鹿児島

第二十四　水兵の母

明治二十七年戦役の時であった。或日我が軍艦高千穂の一水兵が、女手の手紙を読みながら泣いていた。ふと通りかかった某大尉《い》が之を見て、余りにめめしいふるまいと思って、

「こら、どうした。命が惜しくなったか、妻子がこいしくなったか。軍人となって、いくさに出たのを男子の面目とも思わず、其の有様は何事だ。兵士の恥は艦の恥、艦の恥は帝国の恥だぞ。」

と、言葉鋭くしかった。

水兵は驚いて立上って、しばらく大尉の顔を見つめていたが、（中略）

「それは余りな御言葉です。私には妻も子も有りません。私も日本男子です。何で命を惜しみましょう。どうぞ之を御覧下さい。」

と言って、其の手紙を差出した。

大尉はそれを取って見ると、次のような事が書いてあった。

「聞けば、そなたは豊島沖の海戦にも出ず、又八月十日の威海衛攻撃とやらにも、かく別の働なかりきとのこと。母は如何にも残念に思い候。何の為にいくさには御出でなされ候ぞ。一命を捨てて君の御恩に報ゆる為には候わずや。村の方々は、朝に夕にいろいろとやさしく御世話下さ

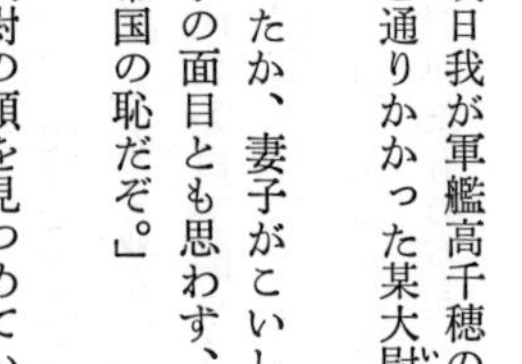

れ、『一人の子が御国の為いくさに出でし事なれば、定めて不自由なる事もあらん。何にてもえんりょなく言え。』と、親切におおせ下され候。母は其の方々の顔を見る毎に、そなたのふがいなき事が思い出されて、此の胸は張りさくるばかりにて候。八幡《まん》様に日参致し候も、そなたがあっぱれなるてがらを立て候ようとの心願に候。母も人間なれば、我が子にくしとはつゆ思い申さず。如何ばかりの思にて此の手紙をしたためしか、よくよく御察し下されたく候。」

大尉は之を読んで、思わずも涙を落し、水兵の手を握って、

「わたしが悪かった。おかあさんの精神は感心の外はない。お前の残念がるのももっともだ。しかし今の戦争は昔と違って、一人で進んで功を立てるようなことは出来ない。将校も兵士も皆一つになって働かなければならない。総べて上官の命令を守って、自分の職務に精を出すのが第一だ。おかあさんは、『一命を捨てて君恩に報いよ。』と言っていられるが、まだ其の折に出会わないのだ。(後略)」

と言聞かせた。

水兵は頭を下げて聞いていたが、やがて手をあげて敬礼して、にっこりと笑って立去った。

(第三期国語、九の二十四)

の浜辺にありて見る蔭もなき漁民なり。早く父に別れて、兄弟もなく、年老いし母のみ家に留めて出陣」と記すだけで、詳細不明の状態がながくつづいた。貧しく、名もない母子家庭の老母とその息子。そんな母親でも「一人の子」を「お国」のためによろこんでさしだし、天皇のいくさに身を捧げるよう願っているという筋書き。これは、軍指導部にとって国民教化の絶好の素材でありえただろう。第一期本「感心な母」はこの点をとりたてて強調する構成になっている。

大尉はこれを読んで、思わず、涙をおとした。しばらくして、水兵の手を取り、せなかをなでて、

「あー。ゆるせ。わたしがわるかった。おまえはよい母をもっている。たぶん、おまえは、よい家柄《いえがら》に、生まれたものだろうな。」

といった。

水兵は、頭をふって、

「いえ。私は鹿児島《かごしま》のうみばたのりょーしの子です。父は、早く死んで、うちには、母ばかり、のこっていますﾠ(後略)」

といった。

実相の露呈

中村紀久二の研究によれば、一九二九(昭和四)年になって、突如、『肥後日日新聞』が水兵母子を「漸く探し当てた」と報じ、翌々年には野崎敬輔著『実話　水兵の母』が公刊され評判になる。さらに三二年二月には、当の文部省がこれを「社会教育ニ裨益アリ」と認定するにいたった。問題は、こうして公認となった現実の水兵母子のその後である。新聞等が明らかにしたところによると、この母子は鹿児島県揖宿郡指宿村の有村おとげさとその次男善太郎であって、善太郎、つまりくだんの「水兵」は実は病気がち、教科書に載った挿話のあったあともはかばかしくなく、結局、一八九四年九月の黄海の海戦のはじまるまえに高千穂から下艦を命じられた。そして、母の住む村に帰郷し、三年後に病死していたのである。

国定教材では「てがら」をたてて故郷に錦をかざるはずの漁民兵士が、じっさいは手柄なくうらぶれた病兵であることがあらわになったことの軍指導層にとっての衝撃は軽くはない。このようなとき、教材製作の直接の責任者である図書監修官は、後述するように、素材に加工するか、教材を廃棄するかしているが、「水兵の母」の場合いずれの処置もなくおし通した(通しえた)のはなぜか。それはこの教材の主人公が、善太郎「水兵」や小笠原「大尉」ではなく、現実にはその場に登場しない「母」だったのだと考えると、その理由がわかってくる。軍国の母像のフレーム・アップがこの教材の眼目である。まえに引用した教材解説書のいうように

(二一—二ページ参照)、そのめざすところは、理想の母像を提示することによる情操教育であって、関連教材一体となって「母親のわが子に対する真情の種々相を教材とし、これまで培われて来た児童の母に対する情感を一層深めて行くようになっている」のである。

そうだとすると、「水兵の母」である有村おとげさに直接のキズがなければ、子の病弱は母性原理を介してかえってプラスに働くのであって、それがこの素材の適切さだと判断されたのではないか。もっともこれは、図書監修官やその上司たちの間になりたちえた判断のひとつであって、有村母子の実相が軍国の母像をフレーム・アップするうえでじっさいに適切な素材でありえていたということではない。わたくしにはこの点がなお疑問としてのこる。

2　せめぎ合う国家原理と民衆心理

(1)　軍国の母と岸壁の母(教材「一太郎やあい」)

一期だけの運命

ここらで強い教材とは逆の弱い教材の方に目を移し、なぜそれらの教材は弱かったかを考えてみよう。弱い教材とは、一度は採用されたが、後に廃棄されたり、改作

第十三　一太郎やあい

日露戦争当時のことである。軍人をのせた御用船が今しも港を出ようとした其の時、

「ごめんなさい。ごめんなさい。」

といいいいい、見送人をおし分けて、前へ出るおばあさんがある。年は六十四五でもあろうか、腰に小さなふろしきづつみをむすびつけている。御用船を見つけると、

「一太郎やあい。其の船に乗っているなら、鉄砲を上げろ。」

とさけんだ。すると甲板《かんぱん》の上で鉄砲を上げた者がある。おばあさんは又さけんだ。

「うちのことはしんぱいするな。天子様によく御ほうこうするだよ。わかったらもう一度鉄砲を上げろ。」

すると、又鉄砲を上げたのがかすかに見えた。おばあさんは「やれやれ。」といって、其所へすわった。聞けば今朝から五里の山道を、わらじがけで急いで来たのだそうだ。郡長をはじめ、見送の人々はみんな泣いたということである。


（第三期国語、七の十三）

されたりした教材のことである。そうなる理由には、前にのべたように、目標が変ってしまったばあいと、目標は不動だが素材が不適切となったばあいとがある。ここでは、まず後者について考えてみる。そのひとつが国語教材「一太郎やあい」である。これについて主として中村紀久二の研究にもとづいて事実の経過を述べればつぎのようになる。

「一太郎やあい」は、発表当時、名作の定評があったのに、第三期(一九一八―三二年)一期だけで命を終えた。廃棄されたのである。なにがあったのだろう。この教材の指導目標は、一読してわかるように、「水兵の母」と同じ軍国の母像である。目標の適合性や、無冠の平凡な母親が主人公という素材の適切さからいって、その民衆教育の教材としての適格性は疑うべくもない。「一太郎やあい」が教科書に載って全国に知られるようになると、一太郎に関するたくさんの伝記物、雑誌・新聞記事が巷間にあふれはじめた。橋本春陵著『一太郎物語』(一九二一年)など、そのなかには、子どもむけの実話ものもあって興味深い。ひろい支持を国民各層からひき出すことに成功していたのに、文部省はなにゆえ、自らの手でこれを葬らねばならなかったか。目標に弱点はない。それは「水兵の母」同様、日本の国家原理と国民心性に深く根をおろしている。そうだとすると素材となったこの母子の実像の側に、有村母子以上の何か問題のあることが、国定教科書への掲載後に見つかったということだろう。

教材「一太郎やあい」とその数々の美談書の主は、香川県豊田郡豊田村の実家に不縁のため帰り、物置小屋に日傭をしながら住んでいた岡田かめとその連れ子梶太郎だった。教材化された事件があったのは一九〇四(明治三七)年八月二八日のこと、

教材化されるまで

教材文中「其の船」とあるのは、乃木希典の指揮する旅順攻撃戦参加のため、香川県丸亀の歩兵第十二連隊補充大隊の兵士たちが同県多度津の埠頭から軍用船土佐丸他一隻に分乗すべく乗っていた伝馬船のことである。その兵士たちのなかに一太郎こと梶太郎がおり、母かめが見送りに現われることになる。

問題の情景が「一太郎やあい」の作者である図書監査官八波則吉の耳に入り、教材化されて第三期本国語に載り、次の改訂であっさり廃棄されるまでの経過はつぎのとおりである。

二八日の多度津港での見送りに参加した県官のひとりに、県第一部長もいた。かれは問題の情景を目撃して感動し、翌年早々に香川県師範学校でおこなった演説でこの話をした。そして、善通寺町で開かれた県教育会主催の講習会に出席し、会の講師として東京からやってきていた東京高等師範学校教授佐々木吉三郎に、これを「美談」として伝えた。話は佐々木から、かれの友人高野辰之図書監査官に伝わり、第三期国語読本巻七を編纂中の八波の耳に入る。八波は教員むけの教科書説明会でこの教材に言及し、「愛国心は必ずしも日本人の専売特許ではあり

ません。吾々は之に劣ることがあってはいけないという意味で「一太郎やあい」を書きました。「うちのことはしんぱいするな、天子様によく御ほうこうするだよ」――此の事を伝えんが為に五里の山道を朝早くから草鞋《わらじ》がけで来た六十五歳のお婆さんを出しました。又「水兵の母」も出しました。何れも国民精神を涵養するのに良い教材です。なぜ死んで呉れないか、なぜ自国の為に死んで呉れないか、何時までぐずぐずして居るか、といわぬばかりの「水兵の母」です」とのべている(八波『読本中心国語教育概説』一九二四年)。

美談の主探し

「一太郎やあい」が、軍国の母もの「水兵の母」と同性格の教材とされている点に注意したい。「一太郎やあい」が国定教科書にのると、例によって地元では美談の主探しがはじまる。「水兵の母」のときと同じこの民間のうねりも面白い。同じことは、あとでのべる「木口小平」や「三勇士」にも起っているのである。「一太郎やあい」のばあい、結局、地元の小学校長が探しあてたのを大阪朝日がとりあげ、一九二二年一〇月一日の同紙に「物語の主人公は生存」と報じた。

生存中の人物を国定教科書に偽名とはいえのせることは天皇家を除けば編纂例になかったことで、「生存」のニュースだけでも、関係者にはショックだったろう。ところが、生存中というだけならまだしもである。朝日新聞の記事は、こともあろうに、さらに小見出しとして、

「今は廃兵の勇士が悲惨な生活」とつけ加え、軍国日本の暗い日常的側面を衆目にさらしたのである。明らかになったところによると、旅順攻撃に参戦した梶太郎は負傷して帰国し、善通寺予備病院で療養後、翌一九〇五年再び同じ埠頭から出征する。このときも母かめは見送ろうとしたが巡視にとがめられ果せなかった。このときの様子を、香川県の通牒は「カメ曰くよく巡査が此処で止めて呉れたこれから行ったら又第一回の出征の時の様な又悲しき別れをせねばならなかったと又曰く泣いて送るよりも泣かずに送るのが実に言うに言えぬ悲しいものだと」(「国語読本所載事項の原拠に関する香川県の通牒」『文部時報』五七号、一九二二年一一月三日)と、のべている。

ここには、八波監査官の説明になる「一太郎やあい」の老婆像とはすこしちがった母親像がみられる。「うちのことはしんぱいするな」と叫んだはずの軍国の母の像はここにはなく、夫に去られたあと一人息子までを戦争にとられて悲しむ、ごく人間的な母が姿をみせる。梶太郎は二度目の出征でも死なずに転戦したのち、丸亀に帰還。妻をむかえ、母子三人の、相変らずの貧しい生活をおくっていた。ところが、帰還後二年たったころから負傷あとの痛みがひどくなり、また戦場でかかった凍傷も悪化して両手の指六本を切断してしまう。一時賜金一五〇円は手術代に使いはたし、指もないので「家業の如きも一日として勤め得ず麦の粥をすすりて病床に呻吟すること前後十有三年」(前出香川県通牒)、一家心中まで考えることになる。

関係者のろうばい

このような、文字通りの「今は廃兵の勇士」の「悲惨な生活」は、「うちのことはしんぱいするな。天子様によく御ほうこうするだよ」と国定教材の母である岡田かめに叫ばしめた天皇の軍隊の約束ごとにまっこうから背反する。事実が新聞スクープによってあらわになったとき、教材「一太郎やあい」づくりに関与した係官たちがろうばいしたことはいうまでもない。八波監査官は、その講演速記録『読本中心国語の講習』(一九二六年)に、「自分は東京朝日で此の記事を見てぎょっとした」と正直にのべている。つづけてかれは、こう弁解する。

「元来教科書には、現在生きている人の事は(天皇をのぞいて)成るだけ書かないことになっておる。で、此の文を草する時も、実は当人が生きているか否かを一応調査すべきであったかも知れない。しかし誰一人そんな事を考える遑《いとま》はなかった。此の話を聞いたものは直ぐ起草した。此の文を見たものはすぐ採用した。確定し、印刷し、発行して今日に及んだのである。」

仲介役をした佐々木東京高等師範学校教授は、スクープ直後の東京朝日新聞に所感を発表し、「たとえ本人が生きていようとも此の美しい行為のみが抽象化されて伝えらるる限り一向差支えない」としながら、「只《ただ》心して貰《もら》いたい事は、かかる話はその伝え方如何によって児童の一本気な頭に「美しき話」と悲惨なる事実との結びに矛盾を感ぜしめ正当な理解をも妨げることが往々ある」との心境を告白した。ことは、国定教科書の権威失墜云々の問題にとどまらず、軍国日本の屋台骨をゆるがしかねない性格の事件である。国定教科書はすでに発行され、あまねく国民の目にさらされていて、いまさら粉飾しがたい。である以上、つぎの手は、眼前の事実の方に加工し、「悲惨な生活」をあたうるかぎり早く、当然の報いとしての「幸福な生活」を送っている軍国の母一家につくりかえることである。こうして以後、政府筋、軍関係団体、教育団体、地方名望家層などのきもいりで、岡田母子激励の運動や行事が、さまざまのかたちで試みられることになった。

数々のびほう策

「遂に大正五年一月故堀川勝頼氏等豊田村在郷軍人発起となり同氏(梶太郎)が病床に呻吟せるをあわれみ義援録なる帳簿を作り氏の状況を録して村内慈善家二百四十八名より慈善金を四拾参円集金同家を慰藉したり」(前出香川県通牒)。

全国各地から義援金や慰問品、激励文が続々よせられたほか、一二(大正一一)年一一月一七日県下三豊郡勝間村で統監摂政宮殿下(現天皇)の「お馬近く拝謁の光栄」、二三年二月二六日本門法華宗管長より感状及び念珠一聯、同年四月一二日、十一師団偕行社にて久邇宮良子女王殿下(現皇后)の「拝謁をたまわり前日献上の手織木綿御嘉納の光栄に浴す」、同年五月一七日、大阪市中央公会堂で大阪市教育会主催、第四師団長、大阪府知事、市長ほか児童二万二千余人参加の母子篤行表彰式開催、といったことが続き、三一年六月には、地元の豊田村につくられていた岡田母子後援会の手で多度津港に銅像建設となる。この岡田母子激励の半官半民運動のうねりは、戦中を経てなんと第二次大戦後に及ぶが、それよりまえに、国定教材「一太郎やあい」の歴史は終っていた。第四期の図書監修官は、改訂版を出すにあたって、その継続使用を断念したからである。軍国日本の因果応報をめぐるいかなる事後のとりつくろいにもかかわらず、教材がつくられた時点での背反の事実はいやしがたく重かったのである。

軍国の母と岸壁の母

多度津港西浜埠頭での岡田かめとその息子のやりとりの記録を、もう一度原典にさかのぼって読み直してみよう。国定教科書によれば、岡田かめは「うちのことは心配するな」云々と叫んだことになっている。ところが、問題の場面を最初に目撃し、これを記録した香川県第一部長の翌年一月の時点での話はつぎのようになっている(『文部時報』五七号、前出〈参考〉欄収録文による)。

突然後方より岡本《ママ》と叫ぶものあり。顧みれば六十歳計りの一老媼、今将に十数間岸を離るる端艇中にありし一兵士なる其子を呼びしなり。其老媼は粗衣垢面、一見貧家の寡婦たるを知れるが、直立凝視猶其声を続けて曰く、

「オカアは玆《ここ》に居る」
「しっかり遣《やっ》て来いよ」
「出征《ママ》して帰れよ」
「オカアは待って居るぞよ」
と言いしに、天なる哉母の声の耳に入りしと見え其子は高く銃を上げれば母は大に悦び、
「御前の顔を見て安心したよ……もう一度銃を上げてくれ」

県官側の記録でも、最初の素材提供者の口述では、現実の岡田かめは「うちのことは心配するな」などとはいっておらず、ひたすら息子の無事帰還を「待っている」岸壁の母ではないか。国定軍事教材化されたものと比較していえることは、全国数十万の軍国の母たちの現実の心情は、必ずしも、官製軍国の母像のつくり手が要求しているような指導目標を担いきることができるものばかりではないということである。軍国日本の教育性は、こうして、その底辺部を担う層に入ってゆくや、またもたてまえだおれにおわり、この心情の壁が、教材「一太郎やあい」の命とりとなったことになる。軍国の母像の敷衍という指導目標は、前項でのべたように、日本の母性社会原理に根を下した重要目標であり、文部省はそれに異議ありとしたのではない。いや、この重要目標を守り、傷つけないためにも、「一太郎やあい」は葬られねばならなかっ

たのである。

(2) 教材「三勇士」の裏面史

難産だった「三勇士」

これも著名な軍事教材「三勇士」は、第五期、つまり軍国日本では最後の国定国語教科書(初等科二の二十一)に難産のすえ登場した。次期国定教科書からの軍事教材の全面排除は、すべて占領下という特異な権力関係のもとで遂行されたものである。それゆえ、教材「三勇士」はその採用が一回きりで終ったとはいっても、教材「一太郎やあい」とは廃棄の性格を異にするものといわねばならない。しかし、第四期改訂本編輯のしごとが始まってまもない時期にあたっている上海事変の一挿話に取材し、当時その新採用を推す有力筋があったにもかかわらず、第四期編纂作業では見送られ、十年たった第五期本になってようやく日の目をみたこの新出教材の地位は、安定性の高いものであったとはいえない。しかも、採用後におこった数々の事件は、教材「一太郎やあい」がたどったと同様の運命を、この教材についても予想させるものであった。なお、この素材は、第五期国語本と同時期に出た第四期唱歌教材にも同じ「三勇士」の題(一の二十)で採用され、歌詞は、「その身は玉とくだけても、ほまれは残る、廟巷鎮《びょうこうちん》」と結ばれている。

二十一　三勇士

「ダーン、ダーン。」

ものすごい大砲の音とともに、あたりの土が、高くはねあがります。機関銃の弾が、雨あられのように飛んで来ます。

昭和七年二月二十二日の午前五時、廟《びょう》巷《こう》の敵前、わずか五十メートルという地点です。

今、わが工兵は、三人ずつ組になって、長い破《は》壊《かい》筒《とう》をかかえながら、敵の陣地を、にらんでいます。

見れば、敵の陣地には、ぎっしりと、鉄条網が張りめぐらされています。この鉄条網に破壊筒を投げこんで、わが歩兵のために、突撃の道を作ろうというのです。しかもその突撃まで、時間は、あと三十分というせっぱつまった場合でありました。

工兵は、今か今かと、命令のくだるのを待っています。(中略)

北川が先頭に立ち、江下、作江が、これにつづいて走っています。

すると、どうしたはずみか、北川が、はたと倒れました。つづく二人も、それにつれてよろめきましたが、二人は、ぐっとふみこたえました。もちろん、三人のうち、だれ一人、破壊筒をはなし

たものはありません。ただその間にも、無心の火は、火なわを伝わって、ずんずんもえて行きました。(中略)

もう、死も生もありませんでした。三人は、一つの爆弾となって、まっしぐらに突進しました。めざす鉄条網に、破壊筒を投げこみました。爆音は、天をゆすり地をゆすって、ものすごくとどろき渡りました。

すかさず、わが歩兵の一隊は、突撃に移りました。

班長も、部下を指図しながら進みました。そこに、作江が倒れていました。

「作江、よくやったな。いい残すことはないか。」

作江は答えました。

「何もありません。成功しましたか。」

班長は、撃ち破られた鉄条網の方へ、作江を向かせながら、

「そら、大隊は、おまえたちの破ったところから、突撃して行っているぞ。」

とさけびました。

「天皇陛下万歳。」

作江はこういって、静かに目をつぶりました。

(初等科国語、二の二十一)

「三勇士」の原典

三勇士についても主として中村の研究によって検討すればつぎのとおりである。まず、教材「三勇士」の原拠は、教育総監部編『満洲事変軍事美談集』(精神教育資料第四三号増補一号、一九三三年)中の「責任観念之部」に収められている「点火せる破壊筒を抱き、身を以て鉄条網を破壊す」と題する一文である。この廟巷鎮戦の鉄条網爆破に参加したのは、久留米の第十二師団で編成された混成第二十四旅団歩兵大隊のうち松下環中隊長以下二破壊小隊三六名で、教材中「班長」とよばれているのは伍長内田徳次である。三勇士はかれにひきいられた兵士たちだった。教育総監部の軍事美談集が原拠だというのは、この美談集にえがかれている三勇士の言行が、教材「三勇士」のそれと酷似していることによる。軍教育総監部の美談集の問題の部分はつぎのとおりである。

内田伍長は第一第二組の中間を指揮しつつ前進したが、第一組が成功したと見るまに轟然たる爆音と共に一度空間に跳ねあげられた作江の体が落ちてきた。見れば左脚は奪われて居る、「おいよくやった、遺言はないか」――「何もありません……孔は出来ましたか」と虫の息の中にも念頭を去らないのは自己の任務であった。班長は破壊口の方に作江を向けて「それ見よ、碇大隊はお前達の作った破壊口から突入して行ったぞ、段々喚声も遠ざかってゆくではないか」と言えば、微かなる声にて万歳を連呼しつつ重傷の苦痛を一言も口に出すことなく、一時間余にして遂に息絶えた。
　このことは、事実がそのとおりであったことを証明するものではない。教材「三勇士」の目標は、前章で述べたように、「かくして、「海行かば水づく屍、山ゆかば草むす屍、大君のへにこそ死なめかえりみはせじ」の精神を自然に体得し、平戦時を問わず、常に真の皇国民としての本分に邁進する心に培おうとしたものである」。軍事国家にとってこの目標には問題はない。「三勇士」に国定教材としての難点があったとすれば、それは素材の側ということになる。

三勇士ブーム　一九三三(昭和八)年、軍側の教育総監部編輯の美談集に「三勇士」事件が収録されるよりも早く、一般ジャーナリズムの方で、三人は完全な美談の主にしたてあげられていた。そして、これを国定教材にすべしとの声もまた大方の世論になっていた。事件の三日後、口火をきったのは、いつものように各地の日刊新聞類だった。「「帝国万歳」と叫んで吾身は木葉微塵」(『東京朝日新聞』二月二四日)、「忠烈まさに粉骨砕身」(『西部毎日新聞』二月二五日)、「葉隠れ主義の露堂々」(『大阪朝日新聞』二月二五日「天声人語」欄)。
　ついで「忠魂肉弾三勇士」(河合映画)など映画・演劇類。「今や映画演劇界はオール三勇士時代」(『東京朝日新聞』二月二七日)、「三勇士の壮烈な爆死が伝えられて以来ラジオの勇士熱は大変なもの」(同、三月一七日)となる。「熱狂的なブームに乗りおくれてはならないとばかり、舞踊、箏曲、琵琶、浪曲、講談はもとより落語に至るまで、争って三勇士ものの創作に血道をあげている。体育ダンスに取り入れた女学校さえあった」という(上野英信『天皇陛下萬歳爆弾三勇士序説』一九七一年)。単行本ももちろん、「一太郎やあい」におとらない。小笠原長生著『忠烈爆弾三勇士』(実業之日本社)、大和良作・栗原白嶺共著『護国の神・肉弾三勇士』(護国団)、滝渓潤著『壮烈無比爆弾三勇士の一隊』(三輪書店)、宗改造編著『軍神江下武二正伝』(欽英閣)など。

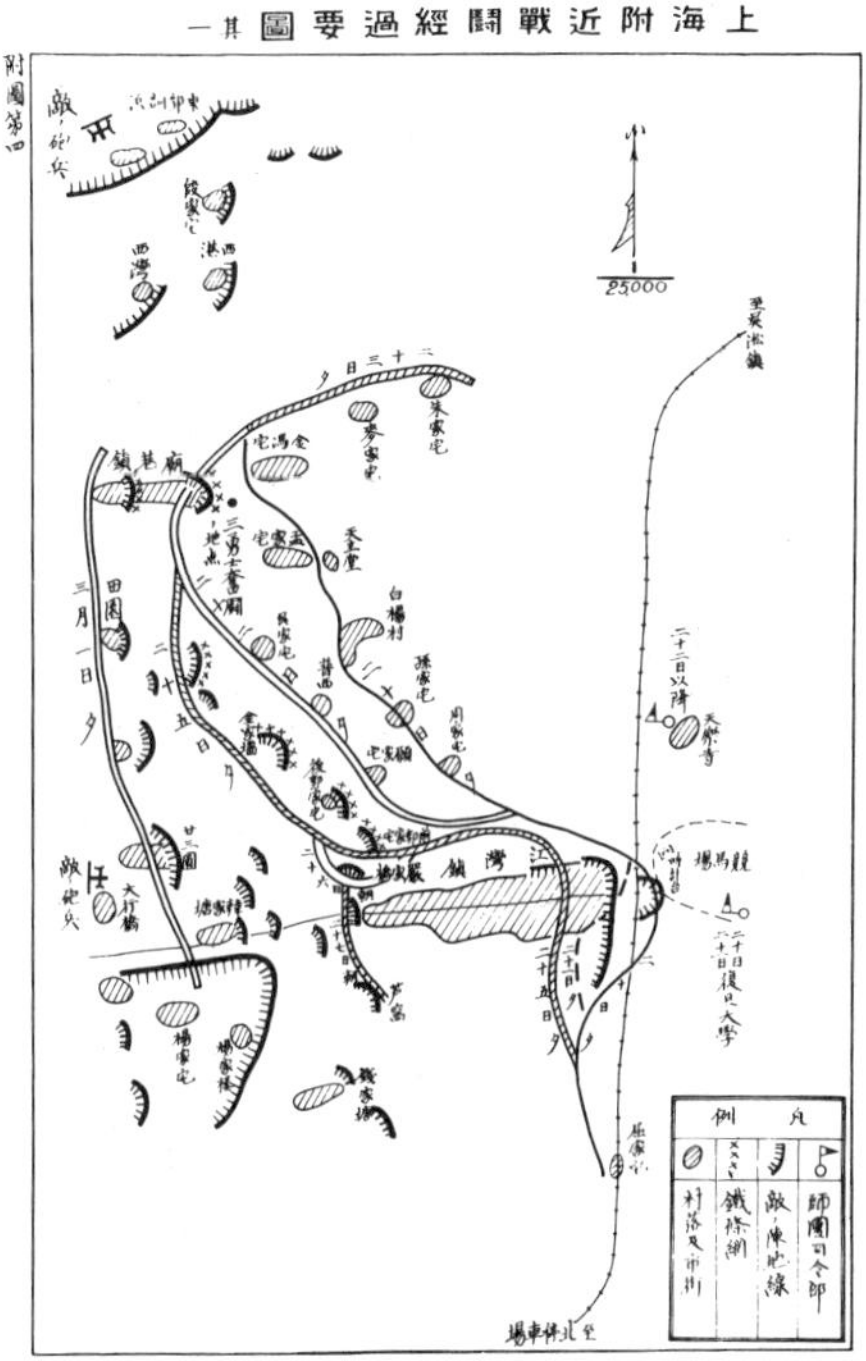

三勇士戦死の地(小野一麻呂『爆弾三勇士の真相と其の観察』1932年)

ところで、このような三勇士ブームを、ジャーナリズムの独り相撲とみたのでは、事件の本質を明らかにできなくなる。これには軍部のテコ入れもあったのであって、たとえば事件から一か月後の三月一九日、第九師団長は三人の所属隊であった久留米部隊の帰還に先立って次のような感状を全軍に布告している。「以上作江一等兵外二名ノ行動ハ実ニ崇高ナル軍人精神ノ精華ニシテ真ニ壮烈鬼神ヲ泣カシムルモノナリ。以テ全軍ノ亀鑑トスルニ足ル。仍テココニ感状ヲ授与ス。」

教材化へ

教材史の立場からみて注目すべきことは、こうしてつくりあげられた三勇士ブームのなかに、三勇士を、すでに国定教材になっている他の軍事美談ものと並べてこれらにおとらぬ陶冶性をもつ教材だとする論調が早くから出ていた点である。二月二五日付地元福岡日日紙は、「今回の上海戦中随一と称せられ鬼神も泣かしむる壮烈なる三勇士の悲壮極まる華々しき戦死は之を往年日露戦役当時の旅順決死閉塞隊に比すべきもの」と書いている。また同日付朝日新聞は「陸軍省では往年の広瀬、橘両中佐の行為にも勝る軍国美談として教科書にその勇士を謳歌し、三勇士を慰めたいと考慮中」と報ずる。雑誌『日本及日本人』の三月一五日号は「爆弾三勇士に対する感想」を「識者五二名」からあつめて編集したものだが、このうち二〇名近くのものは三勇士を修身・国語・唱歌などに採用すべしと論じている。「国民教育の立場から、それを「喇叭手木口小平」「一太郎やあい」「水兵の母」のように、同じく国定教科書や青年読本に入れて、永久に活きた教材とすべきだと思う。」また、いう。「三勇士の壮烈なる戦状を基礎として、上海事件、満蒙問題及国際聯盟や米国の不法干渉等を略記せる小冊子を編纂し、これを全国の学校、在郷軍人会、青年団等に配布すべきだ。」

この方面での売り出しになかでも力を入れたのが、例の海軍中将、子爵小笠原長生であった。「余は第一に各種の教科書、就中《なかんづく》文部省編纂の国定教科書に永久に掲載することを望む。これは余が「水兵の母」に就て実験した所で、其の事件の起りし時より、既に三十八年を経過しているが、今日でも諸地方の少年少女より、右「水兵の母」に関する質問等の書面が、殆ど毎日のように机上に達するので、余は実に其の効果の大なるに愕《おど》いている次第である。これは何でもない事のようであって、三烈士の事蹟を永く国民の脳裏より忘却せしめざるには、絶好の方法であると確信する。」(小笠原『忠烈爆弾三勇士／附壮烈肉弾五勇士』一九三二年)

中央指向性

国家主導型の日本の近代学校は中央指向性がつよく、管理面だけでなく教科書の教材づくり、そのための素材の選択ひとつとってもそうだったとされている。この中央指向性とは、文部省が一方的に教育の万般、そのありようを決定しえていたということではなく、ほかならぬ地方自身が、一地域として、日本全体のなかでの自からの地位を、政治・経済的にも文化的にも、他にすぐれて重からしめようとすると、どうしても中央官庁筋に手掛りを求めなければならなくなる。こうして成立する、中央に出かせぐことによって地域を重からしめるという意味での出かせぎ型の地域主義が、その意味するところでもあった。一人でも多くの人材を、地域から中央政・官・財・学界に送りこむことこそが、結局のところ地域の地位を重からしめることに通ずるという論法であって、幕藩時代の旧藩主の家系を継ぐ小笠原長生の三勇士売り込みの論法にも、この特徴がよく現われている。『忠烈爆弾三勇士』で、かれはつぎのように説く。「(この地方も三勇士)を出したことによって日本全土、否な世界にその名を知られるに至った。(中略)余の旧領内より……かかる忠勇無比の烈士を出したことは、欣快この上もない事と深く感激する次第である。」

同じころ地元の小学生だった作家の上野英信は、こんな経験を記している。「三勇士が八幡の防空演習に参加していたという話を、わが郷土にとってこのうえない名誉であるかのように校長が話したのは、それから間もなくであったと思う。」(上野、前出書)

小笠原やこの地元小学校長にかぎらず、三勇士売り出しに際しての地元からの発言には、多分にこの種の出かせぎ型地域主義の論法が入っていたのであり、それゆえ、ブーム最高潮の爆死五か月後に出された陸軍工兵中佐小野一麻呂の著『爆弾三勇士の真相と其の観察』は、当の中央を代表する立場から、にがにがしげにこう主張することにもなる。

「或書には彼は九州男子なり、故に斯る忠烈なる最後を遂《と》げ得たのだと論じ、甚しきは彼は炭坑夫であるとか彼は仲仕であるとか、其の職業迄を説いて其の然る所以を帰納して居るのを見受けたが、予は此の論には首肯《しゅこう》することが出来ぬ。」

しかし旧藩主ふうのお国自慢はともかく、三勇士が後発資本主義の底辺部を支える労働者階級出身の兵士であったことは事実であり、この事実を声高に語ることは、

国家のリアリズム

国定教材「三勇士」に国民教化の効力をもたせるために欠くことのできない治者側の要請事項であった。小野一麻呂の憤激にもかかわらず、ここには、かれのものとはちがったもうひとつの国家主義の観点が存在していた。国家のこの政治リアリズムは、「一太郎やあい」「水兵の母」、さらにさかのぼれば、じつは「木口小平」以来の国定教材づくりの原則でもあった。この条件を満たしていたがゆえに、これらの教材は、一君万民主義の効能宣布の役割、つまり、等しく「赤子《せきし》」のたてまえのもとに日本資本主義下の現実の階級差に耐えさせ、精神の次元でその協調と融和を導く役割を担いえたのである。そしてそれゆえに、良い国定教材でありえていたのであった。じっさい、浪曲・講談までまじえた数々の三勇士ものは、国定教材に登用される以前からすでにこの役割をはたしはじめていたのであって、上野英信の詳細な研究『天皇陛下萬歳爆弾三勇士序説』(一九七一年)はこの点を明らかにしている。上野は、九州炭

坑のある老坑夫の回想として、つぎのような語りを記録している。

「苦しかったのなんの！　ばってん、泣きごつばいうな、爆弾三勇士のこつば考えれ、三勇士精神でやれ、ちゅうて、ケツば叩かれたもんですばい。とにかく、ふたこと目には三勇士、三勇士精神たい。とくにその中の一人が炭鉱の出身ちゅうこつで、よけいにそうでしたばい。ちょこっとでも文句をいおうもんならたちまち労務にひっぱられ、三勇士の写真の前でぶっ叩かれよった。」

また、三勇士のひとりがかつて坑夫として働いた炭坑の社報に、鉱葬をまえにしてのせられた次のような一坑夫の投書をあげている。「(前略)偉い学者や金持のフロックや紋付袴の美麗なイデタチよりも我々のハッピ姿の会葬を、江下さんよ、うけて下され。我々はマゴコロをもって礼拝するのである。我々と共に採炭していた江下伍長殿が神様にまつられる。我々坑夫としてこれ位肩幅の広い有難いことはありません。採炭の皆様方よ、家族一同ひきつれて、皆んなで採炭夫の神様を拝みましょう。これ位い嬉しい事はありません。日本の守り神を心から参拝しましょう。」

階級協調

一君万民主義原理を、初等学校の教室を通じて国民の心の内部に再生産しようとする国定教材の素材としては、これにすぐるものはなく、現にそのすぐれていることの証拠はあがりつつあったのである。小笠原長生はのべている。三勇士はたんに軍事上の救国英雄である以上に、日本の「思想国難を一挙に粉砕した〝救国の英雄〟である」と。事件のあった一九三二年という年が、今世紀初頭、国定教科書制の成立期にはひとにぎりの知識人の動きにすぎなかった社会主義思想が、ひろく日本の農民と労働者階級をとらえつつあった時代だったことを思いあわせると、小笠原のこの発言の意味がよくわかってくる。

だが、これも中村紀久二が明らかにしたことだが、三勇士の軍国美談は、第四期本には、ついに採用されることはなかった。第四期本では、木口小平、広瀬武夫、水兵の母、乃木希典など従来からの軍事教材が続けて採用されただけでない。満州事変での軍用犬金剛那智号の活躍や、三一年一二月大石橋守備隊の一軍用鳩の働きに取材した新軍事教材(それぞれ「犬のてがら」、「小さい伝令使」)などを採用している点を考えあわせると、三勇士ブームの大きかっただけに、第四期本の編集にはなにか自然でないものがある(国立教育研究所付属教育図書館編『国定教科書内容索引』一九六六年)。結局十年すえ置いて第五期の井上赳第一編修課長以下三名の監修官グループがこれを国語教材として採用したのであるが、このときも、教材「三勇士」についての教師用書の説明は慣例に反して簡単で、これも通常でない扱われ方であった。

ズレを追う

もう一度、事件の発生とその後の経過を追ってみよう。前例からいってまず考えられるのは、この教材にも、「一太郎やあい」のときと同じように、国定教科書の期待する三勇士像と現実のそれとの間にズレが存在していたのではないかという問題である。

というのも、これまでのべたように、国定教材の三勇士像とそのタネ本になった教育総監部編『満洲事変軍事美談集』の間には事件の真相についての一致がみられるのだが、後者の発表と同時期、つまり国定「三勇士」教材完成以前に発表された三勇士もののうち戦死の現場に近い層から発表された記録類と前者国定教材との間には、じつは微妙な違いがみられるからである。そのひとつに、前にも引用した陸軍工兵中佐小野一麻呂あらわすところの『爆弾三勇士の真相と其の観察』がある。この記録は上海事変が終ってまもない七月一五日の発行になっており、また著者の小野は「三勇士を出せる工兵隊に勤務すること実に十有一年」、とくに「勇士の中隊長たる松下大尉とは父子の如き縁故《えんこ》」にあった人物であるというから、三勇士関係の実録としてはもっとも近い所から出たものとみなければならない。ところがこの書物には、三勇士の最後としてつぎのようにあるだけなのである。

内田伍長は(中略)作江一等兵を左腕に抱きかかえ、「鉄条網は破れたぞ、傷は浅いぞ、しっかりせよ」と呼ぶ。吉田看護兵も馳せ寄り水筒を口に当てて水を飲ます。其瞬間、憎し

　や敵弾飛び来りて内田伍長の右大腿部を貫通し、父子相抱くが如く上官と部下とは共に傷つき共に倒れ間もなく作江一等兵の英霊は彼の肉体より去ってしまった。

他方、国定教材「三勇士」の最後は、「『天皇陛下万歳。』作江はこういって、静かに目をつぶりました。」と結ばれていたのだった。

小野の記録には、孝行息子だった作江一等兵が最後にいったことばが「天皇陛下万歳」だったとはどこにも書いてないのである。

技術的失敗説

ところで、小笠原長生の前出書には、ここに出てくる内田徳次班長が上司の中隊長宛に事件の模様について書いた書簡が抄録されている。

　徳次は、今や強行の期なりと機関銃声の絶えしを幸い、第一組長作江上等兵に点火を命じ……。(中略)第二組は無事帰り、分隊長万歳を唱えた。第一組は(原文一三字削除)北川江下は焼死、作江は辛じて死を免れ居り候。現地には馬田分隊と内田隊の死傷者多き中にも、作江の如きは右大腿部より切断、尚左指切断、肛門附近頭等、数ヶ所傷を受け、爆薬にて黄色に相成り居り候。

ここでは、かんじんの爆破と爆死の瞬間の部分が削除によってぼかされてしまっている。「三勇士」のもうひとりの研究者である中村紀久二はこの点を問題にし、「三勇士」の国定像を

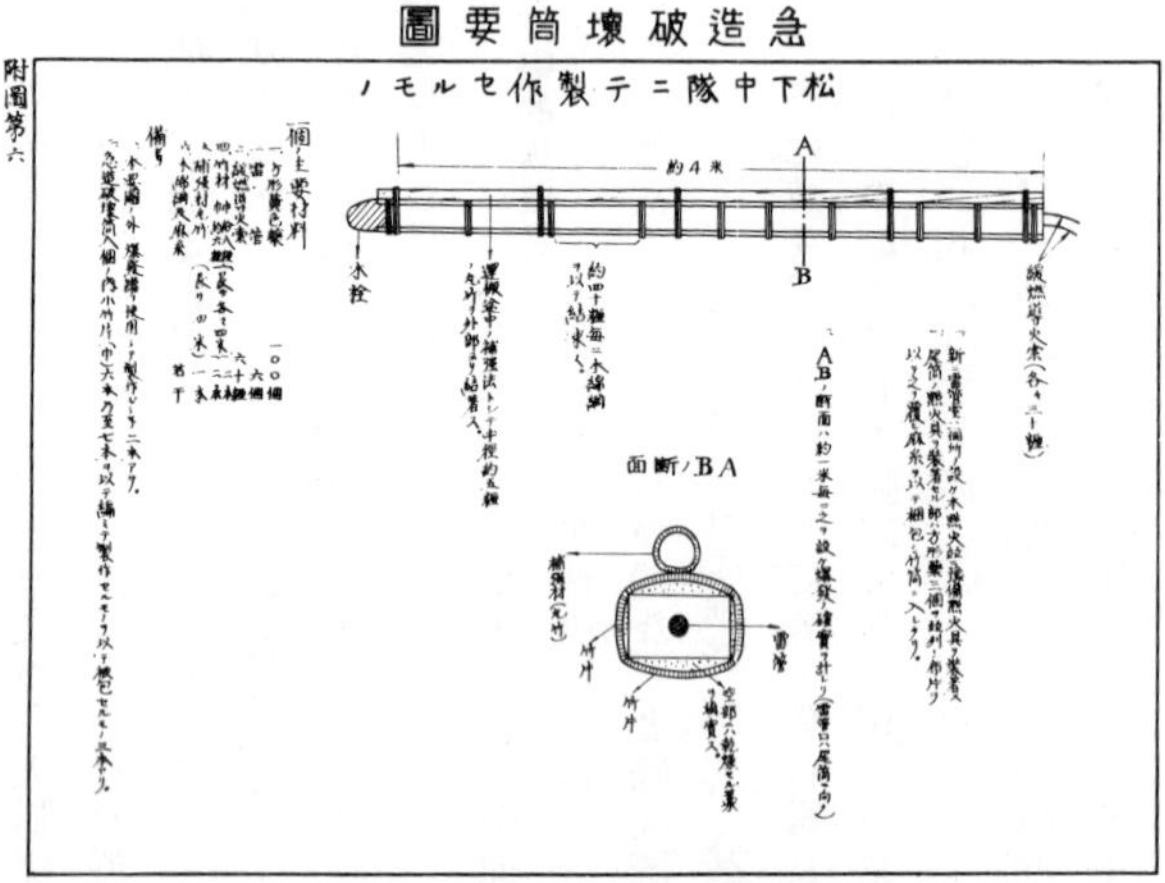

破壊筒の図(小野一麻呂，前掲書)

つくりあげようとした「小笠原長生は、内田伍長の手記発表にあたり、三勇士の爆死寸前の地点を記述したと思われる部分を十三字削除しているのである。この削除した部分には何が書かれていたのであろうか」とのべている(中村『教科書物語』)。中村がこの一三字削除部分にこだわっているのはほかでもない。事件後の三勇士ブームについては前述したとおりであるが、他方そのブームのかげに三勇士の死をめぐるさまざまの毀誉褒貶が渦まいていて、そのひとつに、三勇士の死は、導火索の長さや薬量など、いずれにしても技術的失敗によるものとする説があったからである(上野、前出書、江崎誠致『爆弾三勇士』一九五八年、『証言・私の昭和史〔きき手・三国一朗〕(1)』一九八四年、など)。この風説の通りだったとすると、一三字削除の部分にはその経過がしるされていたのであって、それを三勇士の「忠烈まさに粉骨砕身」によるものとした小笠原らの国定三勇士像は、一太郎(岡田梶太郎)のばあいと同質の弱点を内蔵していたことになる。この種の杞憂が、教材「一太郎」事件で失点を出したばかりの図書監修官層の間にあって、これに決着をつけるために十年の歳月がついやされたのではなかったか。

少なくとも軍部側にはこのジレンマがあったとする三勇士論に、同じく第二次大戦後発表された杉谷昭の一文がある。杉谷は、技術的失敗説によって「軍の首脳部は下からツキあげられて困った。当時、世間一般には伝わらなかったが、久留米の工兵隊では教育がしにくくなった。厳密な作業と適確な判断力を教育するに当って、技術的に不成功だったものが、軍神とあがめられたからである。三勇士の上官であった某少尉が新聞社にニュースとして流したため、三人が軍神にまつりあげられ、事が大きくなりすぎたと、大いに責任を感じたという」と説いている(杉谷「肉弾三勇士と空閑少佐」上野、前出書)。

深部の声　技術的失敗説の当否はわたくしの判断の能力をこえる。ただいえることは、この種の問題は、こと教科書編集の領域に関するかぎり、採用をひかえる決定的な理由にはならないということである。「一太郎」母子については、あれほどまでして事実に加工した軍部・文部省であった。三人はすでに確実に死亡しており、「一太郎」のばあいのように、当人が日本国内に現に「生きている」のではない。遠くはなれた余人のうかがい知ることのできぬ大陸の戦場でおこった事実の加工は、かれらにとっては、それほどむずかしいことではなかったはずである。

ところで、上野英信の前出書は、同じく三勇士とその死をめぐる毀誉褒貶には、巧みに偽装され、かつ計算されたもうひとつ別性格のものがあったとして、つぎのようにのべている。

その重い絶望的な暗黒の谷底で、ひそやかに都から村へ、村から都へと伏流するある一つのうわさがあった。冷厳な命令のままに従容として〈護国の鬼〉と化した三人の兵士の中に被差別部落民がいるという、うわさであった。

この「うわさ」は、だれが、どういう目的で流したものだったのか。証言は少なくないが、各地のそれら証言を集めただけでは、最初の発信者やその意図はわからない。わかることは、勇士たちの戦死後まもなく、そのブームのあとを追ってほぼ一年あまりの間に、かなり広くゆきわたり根を下したものというところまでである。ただ、結果からみて、もうひとついえることがある。それは、三勇士が労働者階級の出身であったという事実を階級協調と搾取の強化の武器として活用した前述の論法と全く同じやり方で、この「うわさ」を、一方では差別意識をあおっての殉国精神の強要のための、他方では融和政策のための、それぞれの道具として巧妙に使いわけ、活用しようとする立場がそこに姿をみせていたということである。

「私は思いだす、「爆弾三勇士」が私たちをふるいおこさせていた記憶を。私の耳に入ってきたヒソヒソとした流言のことを」と、戦後、実践記録『落第生教室』(一九六四年)を書いた高等学校教師福地幸造はその体験を語っている。「二十年経った今でも、このときの衝撃が生々と思いだされてくるのだ。(私はこの文をかく前に先輩のKに確かめてみた。Kもこの話を確かに聞いたといっている。) 勿論、私はこの頃、部落問題については知らなかったが、衝撃はうけた。その一つでも私に二十年前の記憶を生々と思い起させる刻印を打っている。」(福地「再び部落民兵士の手記を」一九六一年)

他方、上野の著書は、つぎのような長崎市での証言を引用している。「ええ、三勇士が戦死して間ものう、ほんの間ものうでしたばい。それはもう感激したもんですたい。三勇士の中に一人、俺たちと同じ部落民がおるというて。」

ひとばしら　大戦後三〇年近くたった時点で、日本中国友好協会と中国帰還者連絡会は、中国戦線で戦犯として抑留された会員旧日本兵士の手記集『侵略――従軍兵士の証言』(一九七五年)を発表した。この手記の発表は、同書の「まえがき」によると、戦争と戦前日本の教育を知らない「若い人たちの間から「〝ありふれた普通の人間〟がどうしてこのような(同会が五八年に公刊した同会員のもうひとつの手記集『侵略』に語られているような——引用者注)凶悪な罪行を犯すようになったのか?」という疑問がしばしばきかれるようになった」ので、この疑問にすこしでも答えることになればとの意向で計画されたものであり、「事件はすべて事実である」(ただし人名は一部仮名)とある。その手記のひとつは、「社会で解決し得なかった身分差別を解決すること」ができる最後の場所として「皇軍」という社会空間を求めて入隊したひとりの兵士(筆者)が、ここでも差別に苦しみ、自殺を考えたり、差別者への復讐を試みたりする過程を記録している。その兵士が、差別のいたみを中国民衆を虐殺することによっていやそうとし、かくて「ありふれた普通の人間」から冷血な兵士に転身する過程に一役演じたものとして、教材「三勇士」が登場する。手記にはこう書かれている。

彼は、肉弾三勇士のことを思い出した。(中略)「……わしらの部落でもあげな勇士を出して、世間の者を見返してやらなあなあ——」といって、部落全員が祭りのようにさわいだことを思い出した。たとえ一等兵でもあのように死んで行けば、金鵄《きんし》勲章がもらえる、そうすれば貧しい俺の家に金がおりるし、菊も弟妹たちも肩身が広くなり、部落の人びともきっと喜んでくれるだろう、と常吉は考えた。

「よーし、馬山作戦で天皇のために最後の手柄をたてよう」

と決心した。

世界の先発資本主義国と社会主義国家群を相手に帝国主義戦争をすすめつつあった日本の軍事国家によって、三勇士は二重の意味で人柱とされ、上野によれば「活用」されたのである。とすれば次に問題になるのは、だれが最初にこれを意図したかは別にしても、三勇士のこのような「活用」が、なぜこの時点で必要であり、かつ可能であったのかという問題である。

可能と必要　日本の近代国家は、一方で差別意識を温存し、これを活用しながら、他方その公布した解放令で、差別に苦しんでいた人びとに期待を抱かせた。こうした事情のゆえに、水平社指導下の差別抗議の運動ですら「明治大帝の聖旨」を楯にすすめられ、この楯そのものを俎上にのせることはむずかしかった。そうした文脈でみると、三勇士事件もまた天皇への忠誠を顕示することにより差別から抜け出したいという民衆の深部のねがいに、どこかでつながっていたことになる（「〔対談〕植松安太郎・井上清」一九七五年）。この心情が「活用」を可能にした。

では、この「活用」の必要はどこからきたか。これを明らかにするには、前出の手記集『侵略――従軍兵士の証言』にも出てくることだが、「一君」のもとでの「万民」の平等なることをもっとも強調してきた軍隊内部において、ほかならぬこの差別が苛酷をきわめていたという、もうひとつの同時代史に眼を転じなければならない。たとえば、『水平新聞』三五(昭和一〇)年一一月五日付第一三号は、「軍隊に行った者でなければ真実のサベツの苦しみは判らぬ」という「兄弟達の告白」を伝えている。三勇士事件の発生する三二年前後の時期、『水平新聞』紙上に報ぜられたものだけでも、軍隊内差別は枚挙にいとまがない。

三勇士事件との関係で大事なことは、このような軍隊内の差別事件に対して、当事者たちは個々に抗議するだけでなく、水平社などを通じて次第に組織的に抗議運動をおこし、しかも、これを、無産労農解放運動の一翼としてすすめるようになっていたということである。このことは、解放運動が、無産労農運動の目ざすもの、すなわち、近代日本の国家機構そのものの変革を早晩その俎上にのせはじめるであろうことを意味するからである。

福岡連隊事件と直訴事件

一九二六(大正一五)年、軍部、官側によっておこされた福岡連隊事件は、解放運動のこのような動向に対して、国側のとった対応策のひとつである。事件当時官側文書が「福岡連隊爆破陰謀事件」とよんだ松本治一郎ら関係者の「非常手段」による福岡歩兵第二四連隊爆破計画は、「水平社が中心となって農民組合、労働組織と手をとり合って、軍事教育反対闘争を闘い、その闘いの中で福岡連隊内の差別を糾弾することによって、さらにその闘いの質と量を高めていく過程でひきおこされた事件であり、この闘いの炎のひろがりを怖れた支配階級が、それをくいとめるために、デッチあげた事件であった」と要約されている（新藤東洋男『ドキュメント福岡連隊事件』一九七四年）。

福岡連隊事件につづいて、二七年一一月一九日には、陸軍歩兵第六八連隊第五中隊二等卒の名古屋練兵場における直訴事件がおこった。「万民」の平等なるはずの軍隊内で絶えまのない差別に苦しみぬいた一兵士が、「一君」に実情を直訴することによって問題を解決しようとした事件である。訴状末尾は「右の情状御聖察の上御聖示を賜りたく及訴願候　恐々拝々」と結ばれている（部落問題研究所編『水平運動の研究』第三巻資料篇(中)、一九七二年）。

『水平新聞』は、これらの事件を一括してとりあげ、ふたたび「無産階級との共同戦線を張れ」と論じた。また、当時事件を報じた一般紙等のなかにも、『日本新聞』紙など事件発生の遠因を、軍のあり方に関連させて論ずるものがあった（大石隆起「軍隊内に於ける差別観念より起る結果を憂う」北原泰作『賤民の後裔』一九七四年所収）。

軍部の対応　これらの論難をまえにしての、「軍の教育性」「国民の学校としての軍隊」論を説いてきた教育総監部系統の軍部指導者層のジレンマは大きい。軍部出身の当時の首相田中義一の次の論法には、このジレンマをのがれるためのひとつの途が語られている。かれは「請願令のあるにかかわらずこれによらないで直訴するということは困ったことである。ことに、これが現役の軍人だから問題はさらに面倒になる。仮りに札つきの者であっても、軍隊内にある間にその性質が改まってこなければ本当でない。この意味から、厳密にいえば、軍紀が弛緩しているとも言い得るだろう」(談話、同右所収)とのべている。

弛緩しているのは軍紀のどちら側であるかについては、読む者の立場によってどちらにでもとれる論法である。もうひとつ、事件発生後五日目の一一月二四日付の宇垣一成の日記は、軍首脳部の本音を素直に語っていて興味深い。「名古屋観兵式場に於ける不祥事件、其性質や頗る重大なるも、当事者は、売名、彼等仲間は自己等の存在、其活動を世間に認識せしむべく宣伝に利用せんとするの下心の存するや明かなり。従って問題は重大なるも之を小さく軽く取扱い始末するの着意が肝要なりし。(後略)」(『宇垣日記(1)』一九六八年)

軍部の判断と文部省の判断

いずれにしても、軍部は受身であり、その対策はどれをとってみても、消極的のものとしかいえない。そこへ、降ってわいたのが三勇士事件である。三勇士売り出しに最初から熱心だったのが軍部であることを、ここで思いおこしたい。小野一麻呂工兵中佐のように、ブームの個人崇拝への傾きに警告を発した軍人がいたとはいえ、軍部は三勇士のフレーム・アップに一貫して積極的だったといえる。一君万民が単なるたてまえに止まらないことを声高く宣伝しようとするものにとって、三勇士の出自とその行為とを切りはなさずにとりあげ、かつこれを表彰することほど効果的なことはまたとなかっただろう。

　であるのに、なぜわが図書監修官たちはひるんだのだろうか。教材「一太郎やあい」では、教材づくりの目標と素材の間にズレが発見されたがゆえにかれらはこれをボツにしたのだが、このたびは、両者が合致しているがゆえにその採用を逡巡しているのである。教材「三勇士」の採用をめぐる謎、軍部と文部官僚層の判断のずれは、一君万民主義原理の学校教育における特質、換言すれば、日本公教育制度を社会の深部で支えていた民衆意識の特質を解くかぎをさしだしているように思われる。

3　美談の改作

(1)　「ユーキ」ある兵士から「チュウギ」な兵士へ（木口小平）

改作のばあい

前章でものべたように、国定教材づくりの基本原理は、四十数年の歴史を通じて不変である。しかし天皇の学校用の、天皇の軍人がからんだ教材づくりというその基本原理がじっさいの教材目標に具体化されてくるときの方途には、時期により若干の変化がみられる。その中で、ベイシックな国家原理に根を下していたがゆえに不変だったのがこれまでのべてきた強い教材であり、またその不変の目標を守るために廃棄されたのが、素材にキズのある教材である。目標の変化といっても、これには比較的大きいものと小さいものとがあった。大きい変化が国定軍事教材をおそうのは、第二次大戦後を除けば、国民学校令時代の第五期であり、このとき、大量の新目標にあわせた新出教材と、素材になんのキズもないのにおとされる廃棄教材群とが出る。この二つについては次項でとりあげることにして、ここでは、比較的小さい目標変化だったため、同じ素材のままの改作で処理されたものをとりあげることにしよう。そのひとつが、木口小平関係の教材群である。

「ユーキ」と「チュウギ」

軍事教材中著名度では第一級だった教材「チュウギ」の主人公が成歓の役のラッパ卒だったことは、衆目の一致してきたところである。しかしこのラッパ卒が木口小平とよばれていた兵士だったかどうかについては、現在でも疑問視するものが少なくない。この点も次項でとりあげよう。すでにのべたことだが、ここでもう一度問題にしたいのは、かれが第一期国定修身書に登用されたときには、「ユーキ」(勇気)という徳目を教材化するための素材としてだった点である。ところが、一九一〇(明治四三)年発行の第二期国定本からは、「忠義の心を起さしむる」という目標のもとでこのラッパ卒の勇敢な行為が説かれるようになり、第三期になると、さらに、これに「天皇陛下の御為に」という限定が加わり、第四期へとうけつがれることになったのだった(第五期で廃棄)。

「勇気を起さしむる」(第一期修身、解説書)と、「天皇陛下の御為に」(第三期修身、同)とでは、その目標は必ずしも重ならないばあいがおこりうるから、そこに描き出されるラッパ卒像にもズレが起る可能性がある。「勇気」という徳目は必ずしもタテ社会の道徳ではなく、反政府勢力であった自由民権論者が論じた国民の「元気」を内実とするばあいもあれば、ヨーロッパ古典近代の「共和主義者と愛国者とが同義語であった」(R・カイヨワ)時代の愛国の勇気の系譜をひくものであるばあいもありうる。これに対して、「忠義の心」から出てくるのは、もっぱらタテ社会の道徳である。

改作される兵士像

木口小平を、徳目「勇気」の担い手とみる立場は、検定本時代の教科書にすでに採用されていたラッパ卒関係教材の延長線上にある。海後宗臣ほか編『日本教科書大系』近代篇五(一九六四年)に収められている検定教科書今泉定介ほか著『尋常小学読書教本』(一八九四年)巻七第二十三課「成歓の役の喇叭卒」には、

人々走りよりて見れば、無惨や、銃丸にて、其の胸をうちぬかれ、喇叭を口にして、たお

れ居たり。思うに、息のつづかん限り、喇叭を吹きならしつつ、其のまま、息絶えたりと見ゆ。(中略)戦い終りて、後、人々は、此の喇叭卒の勇しき戦死を聞き、死に至る迄も、其の職務を守りしに感じ、何れも、涙とどめかねたりという。(傍点引用者)

とある。この一ラッパ卒が心中なにを考えて「シンデモ　ラッパ　ヲ　クチカラ　ハナシマセンデシタ」かは、知るよしもない。しかし確かなことは、日本の国定教材の歴史が、その担おうとした国家教育の目標の貫徹のために、ひとりの兵士の戦いの事実を、その実像如何とは別に、時に応じてさまざまの型につくりあげていったという史実の方である。軍事教材の裏面史には、国定教材の論理にとらえられることによって日本の兵士たちの生きざまの数々がおちこんでいった歴史の虚実の諸断面が、あらわに姿をみせる。

(2)　広瀬武夫の美談史

将校のばあい

同じ事例で主人公が将校のばあいが、広瀬武夫である。

広瀬武夫が最初第二期国定修身書に登場したときには、教材「ヤクソクヲマモレ」(二の二十一)に素材を提供する人物としてであった。ところが、次の第三期からは、かれにも、木口小平に第二期からあてられるようになったのと同じ題の教材「チュウギ」(二の十六)の

二十 チユウギ

日本ノ カンタイ ハ ロシヤ ノ グンカン ガ 出ラレナイ ヤウ ニ リヨジユンコウ ノ ミナトグチ ニ フネ ヲ シヅメマシタ。ソノ トキ ワガ グンジン ハ イノチ ヲ ヲシマズ イサマシク ハタライテ チユウギ ヲ ツクシマシタ。

二十一 ヤクソク ヲ マモレ

ヒロセ タケヲ ハ ロシヤ カラ カヘル ミチデ、タイソウ ナンギ ナ トコロ ヲ トホル コト ニ ナリマシタ。ソノ トキ、ブジ ニ カヘレマイ ト シンパイシ、アル コドモ ト ノ ヤクソク ヲ 思ヒダシ、手紙 ヲ カイテ、中 ニ ロシヤ ノ イウビンキツテ ヲ 入レテ オクリマシタ。

十六 チユウギ

カイグンチユウサ 廣瀬武夫《ヒロセタケヲ》 ハ リヨジユン ノ ミナトロ ヲ フサグ タメ、ヤミヨ ニ キセン ニ ノツテ デカケマシタ。テキ ノ ウチダス タイハウ ノ タマ ノ ナカ デ イサマシク ハタライテ ヒキアゲヨウ ト シマシタ ガ、杉野《スギノ》 ヘイサウチヤウ ガ 井マセン カラ、三ド モ フネ ノ ナカ ヲ タヅネマハリマシタ。イヨイヨ 井ナイ ノデ、タンテイ ニ ノリウツッテ カヘリカケタ トキ、チユウサ ハ タイハウ ノ タマ ニ アタッテ リッパナ センシ ヲ トゲマシタ。

広瀬武夫関係教材の移り変り
(上：第二期修身，二の二十・二十一．下：第三期修身，二の十六)

主人公の役割がふりあてられる。

第二期修身にも「チュウギ」(二の二十)の題名のもとに旅順港湾封鎖作戦をあつかった教材がのせられていたが、それには広瀬の名はなかった(前ページ参照)。第三期になると、同じ場面に広瀬が固有名詞で登場し、第四期へとうけつがれてゆくのである。「天皇陛下の御為には一身を顧みずして忠義を尽すべきことを教うるを以て本課の目的とす」と教師用解説書はのべている(『尋常小学修身書巻二 教師用』一九二七年)。第二期本で広瀬が固有名詞で登場しているのは国語(七の二十六)で、第三期になるとこれが韻文体になるが、そこに描き出されていた広瀬像は、忠義というより部下の命を大切にする心優しい上官像であった(一二四ページ参照)。

ここで考えてみたい問題は、広瀬を、国語では部下思いの心優しい軍人として描きながら、修身書では、「ヤクソク」を守る大人とともに「チュウギ」な軍人という像としても描く方向へと転換させてゆく過程で働いた力はなんだったかということである。一般的にいえば、教材づくりの分野におけるタテ社会原理の貫徹ということなのだが、その直接の契機となったものはなにか。注目すべきことは、このばあい、転換の口火をきったのは、軍指導部や文部省の図書監修官たちではなく、公立小学校のある種の教育現場の方だった点である。

改作の声

教材の改廃が教育の研究と実践のひとつである以上、文部省のばあいといえども、なんらかの「実験」現場をもたざるをえない。文部省にとってのその現場は当時二つあった。ひとつは、府県学務課という地方官僚層を通じてその声が伝えられてくる全国小学校の教室と家庭の教育現場であり、もうひとつは、高等師範と府県師範の付属小学校という現場である。問題の第二期国定本使用経験にもとづいて文部省図書局によせられたこれら師範学校と付属小学校の意見集には、つぎのように、徳目「チュウギ」の好素材としては木口小平よりも広瀬武夫の史実を推すもの、それも、広瀬を固有名詞で出すことをもって良とするものが、数多くみられるのである（文部省図書局『国定教科書意見報告彙纂』第一輯、一九一三年）。

○巻ノ二第二十課忠義、広瀬中佐一人ノ話ニ為ス方可ナランカ（長野県師範学校）

○第十七課忠義ノ例話、日清戦争ノ例ヲ挙ゲルヨリモ日露戦争ノ実談ヲ採リテハ如何（奈良県女子師範学校）

○巻ノ二第二十課忠義（旅順港閉鎖ノ例話）第二学年児童ニハ複雑ニシテ理解困難ナリ、第四学年以上ニ於ケル好材料ナルベシ、第二学年位ノ児童ニハ簡単ナル個人ノ忠勇義烈ヲ説クヲ可トセン（福岡県女子師範学校）

○第二十一課「約束ヲ守レ」ハ無理ニ例話ヲ広瀬武夫ニトリタル感アリテ面白カラズ（宮崎

県師範学校）

奈良県女子師範学校のいう「日清戦争ノ例」「日露戦争の実談」はそれぞれ木口、広瀬の史伝を指しており、また、福岡県女子師範学校の意見は、旅順港湾閉鎖の戦史を、広瀬という固有名詞をもつ人物を登場させないで一般的に描きだしている点を、問題にしているのである。これらの「現場」意見は、天皇の学校・天皇の軍人という基本原理を教材にどうもちこむかの技術問題になると、軍部や文部官僚層よりも、ある種の教育現場の方がより熱心なばあいがあったことを示している。

広瀬の実像

こうして、国家の地方社会における精神的支柱になろうとしてきた教育「現場」の時勢に応ずる対応論理によって、軍の、あるいは将校・兵士の生きざまにかかわる史実のある一面だけが拡大され、つけくわえられていく。なるほど、木口小平とはちがい、広瀬像は、修身・国語全体としてその軍事教材史上でのとりあつかいをたどると、登場当初の像からそれほどずれていってはいない。しかし、そうはいっても、広瀬武夫のなまの全体像との照合ということになると、その一面化は甚だしいものがある。

学究肌でロシア通の広瀬武夫、文人としての広瀬、さらには、すでに一九二〇年代から巷間でも知られるようになっていた、「敵国」ロシア海軍の将官の娘アリズナとのロマンスの持主としての武夫。これらの広瀬像は、国定教材のどこにもうつしとられていない。皇軍の解体した第二次大戦後になって広瀬神社から出てきた新文献は、官許広瀬像の原型であった大分県教育会編『軍神広瀬中佐詳伝』(一九〇五年)の描き出した広瀬像ではおおいきれない、かれの新しい人間的側面を明らかにした。この新史料をつかって第二次大戦後書かれた新評伝である島田謹二著『ロシアにおける広瀬武夫』(一九七〇年)は、「従来の考え方をことさらにこわそうとしたわけではなかったけれど、いままでの広瀬像、いままでの広瀬伝説とは必ずしも相容れぬ解釈が生まれてくるのをどうしようもなかった」とのべている。

(3)　「忠君」と「愛国」のはざま(谷村計介)

谷村計介　指導目標の変化にもとづく素材の再脚色の点でもうひとつ興味深い事例を提供しているのは、明治政府がその命運をかけた日本の近代国家成立史上、最大で最後の内乱となる西南の役の功労者、谷村計介伍長のばあいである。

谷村計介が国定軍事教材史に登場するのは、修身の第一期、第二期、第三期の三回であるが、第一期の指導目標は「忠義の念を養うこと」(表題は「ちゅーぎ」)、第二期からは「忠君愛国の念」(表題は「忠君愛国」)である。第四期の改訂のさいに谷村がおとされた代りに、徳目「忠君愛国」の素材として新しく採用されるのが、一回かぎりでやめとなった、いわば弱い素材、小林環騎兵大尉ほかの史実である。第五期国民学校教科書の時代に入ると、この「古いヒロイズム」時代の尾ひれをつけているかにみえる徳目そのものがなくなる。

しかし、世界戦争下の初等教科書として構想された国民学校教科書が、依然この種の徳目への要求を内在させていたとすれば、そこには「忠君愛国」概念の新しい形態が必要だった。それにもかかわらず、国民学校令教科書が、別掲の軍事教材一覧にみるように、「軍神のおもかげ」(修身三)、「特別攻撃隊」(同)、「国民皆兵」(修身四)など、同じ性質の行為を形象化しようとする新軍事教材を採用しながら、少なくとも表題としてこの徳目をかかげなかったのはなぜだろうか。天皇を「大元帥」と仰ぐ世界戦争下の日本で、ますます必要性を増したと思われるこの徳目そのものの突然の消失は、看過できない事件である。

忠君と愛国の間

ここで注目しておきたいのは、「忠君」と「愛国」(これに派生して「忠義」と「愛国」)という二つの概念のあいだに横たわっている社会的距離の問題である。「忠義」と「忠君」には概念の形式としては決定的な矛盾はない。しかし「忠義」または「忠君」と「愛国」原理とは、近代社会では起源がちがっており、したがって必ずしもむすびつきえない。一方はタテ道徳であるのに対して、他方はヨコ道徳であるばあいもある。したがって、両者は矛盾するばあいがおこりうる。ヨコ道徳になりうる愛国教材の近代日本の教科書における微温なかたちの例を、福沢諭吉(訳)の『童蒙をしへ草』巻の五(一八七二年)第二十九章「我本国を重んずる事」に見ることができる。

我身の生れて成長せし所の本国を重んずるは天然の人情なり。(中略)これを報国の心という。(中略)この心あれば外国の敵を防ぐに勇気を生じ、国中一般の為を思うて、同国の人々互に相親しむの情を生ずべし。

谷村計介の史伝を素材にしてつくられた国定第一期修身書教材「ちゅーぎ」(三の二)は、この「愛国」を含んだ「忠君」教材の創出をめざしている。

明治十年に、カゴシマのぞくが、クマモトのしろをかこんだとき、しろの中からは、こちらのよーすを、とおくのかんぐんに、しらせようと、おもって、そのつかいを、谷村計介に、いいつけました。計介は、いろいろのなんぎをして、とーとー、そのつかいをしとげました。

そうだとすると、谷村の教材を、さらにすすんで愛国概念をはっきりと包摂した「忠君愛国」へと改題して再録するにあたっては、「御一新」後うまれた「愛国」という新しいモラルは、じつは天皇制下の日本では「忠君」という形式でしかありえないとの論法でこれをつくりかえる作業が、もう一度必要だったはずだろう。そしてその作業は、木口と広瀬のばあいにしたがえば、谷村にまつわる新史伝の開拓とこれを素材とする旧教材の改作のかたちをとって現われてこなければならないはずである。ところが、谷村のこの教材に関するかぎり、第二期本、第三期本とも表題が「ちゅーぎ」から「忠君愛国」にかえられただけで、教材の内容そのものについては本質的な改作はおこなわれなかったのである。

かくれていた弱点

この事態は、両概念の距離に無自覚なまま改訂作業をすすめた係官たちのことばのうえだけでの強引な処理の所産なのか、それとも、わが国での「愛国」行為は、もともと「忠君愛国」のかたちでしかありえないとするかれらの信念によるものとしか説明のしようがない。

しかし、大正デモクラシー、そして一九三〇年代にかけてのアナーキズムとコミュニズム運動の洗礼をうけて、国民意識の内部に、明治国家とその国家秩序そのものを競合する意識が多少とも生まれはじめると、「愛国」と「忠君」のあいだにすき間風が入りはじめる。そして、これにナショナリズムが加わると、真の愛国心とはなにかとの疑問があらためてわきおこることになる。そういう事態のぼつぼつ生じはじめた時期に、このような時代状況への認識を欠く係官たちの手でおくりだされた旧態然たる忠君愛国教材の破綻は、必定だったといわねばならない。

教材「ちゅーぎ」が、「忠君愛国」の新目標のもとに題名では改作されて、安定性をもつ教材になったようにみえながら、じつは木口や広瀬のものに先立っていち早く廃棄されたことの裏面には、この種の問題がひそんでいたと思われる。

4 戦争の近代化と新しいヒロイズム

(1) ヒロイズムの新旧

近代戦の性格

近代戦と中世までの戦争との決定的な違いは、その没個性性にあるといえる。たとえば、ロジェ・カイヨワの『戦争論』(一九六三年)は「華麗な軍服やファンファーレ、かつての厳格でまた貴族的な試合ぶり、巧妙な用兵術、危険なものとは知りながら、なお規則正しく行なわれた礼儀の交換、これらはみな(近代戦では)姿を消してしまった」「戦争の勝ち負けにより得られ失われるものが大きくなったので、別の形のヒロイズムが求められるようになった。偉功をもって他に抜きんでることは、もはや問題ではなく、逆に密集した隊列のなかで目立たぬ位置を占めることが要求されるようになった」(秋枝茂夫訳)と主張する。

「他に抜きんでる」能力としてのヒロイズムから、全体の部分として「目立たぬ位置を占める」存在に変身する能力としての新しいヒロイズムへ、これが、戦争とその担い手としての軍の近代化の方途である。そういう意味での集団の優位と没個性の原則は、軍隊と戦争の領域においては、封建性のめやすではなく逆にその近代化のしるしである。こうして、大村益次郎、山県有朋《やまがたありとも》らわが国近代軍の建設者たちのプログラムも、その出自や封建制の残存という近代日本の特質にもとづく制約による多少の曲折はあっても、結局のところこれと同じ方向を指向するものにならざるをえなかった。一八九四(明治二七)年にはじまる近代日本の対外戦、とりわけ一九〇四—五年の日露戦争の経験は、日本軍の指導層に、いやおうなしの幕藩封建兵制の解体とその近代化を強要する機会になったといわれる。さきに引用した一九〇四年使用開始の軍事教材「感心な母」(第二期以降「水兵の母」)には、登場人物の一大尉が功をあせる兵士にむかってつぎのようにさとす場面が出てくる。

「今の戦争は、昔の戦争とはちがって、ひとりで、進んで、てがらをたてるよーなことはできない。ぜひ、士官と兵卒とひとつになって、働かなければならない。」

以来、近代軍のこの論理は、天皇の軍隊という日本的特質に媒介されながらも、数次にわたる兵制改革や軍政策の実施方針として貫徹してゆく。だが、この新しいヒロイズムが、軍の編成法や訓練の様式、そして、あれこれの教訓話やスローガンとしてではなく、わが国初等学校の教材の編成原理そのものの転換となって現われてくるのははるかにおそく、第五期国定教材、つまり太平洋戦争下の国民学校令の時代に入ってからであった。この期の特徴は、素材ばかりか目標までが大きく変わってしまう点にあるが、それら新目標・新出教材にはどのようなものがあったか、またそれらがいつ現われたかをもう一度思い出してみよう。別掲の国定軍事教材一覧によれば、このカテゴリーにはいる教材群は、「兵タイサンヘ」「日の丸の旗」「にいさん」「大陸と私たち」「昔から今まで」「よもの海」「新しい世界」「戦勝祝賀の日」(以上、修身)、「珊瑚海の勝利」「病院の兵たいさん」「観艦式」「大演習」「十二月八日」「敵前上陸」「不沈艦の最後」「マライを進む」「ダバオへ」(以上、国語)などがあった。これらの教材群の目標に共通してみられる特徴は、そのほとんどが不特定多数者を主人公とする「新しいヒロイズム」の形式をとっている点にある。この点については前章でもすこしのべた。

第五期の性格

日本の軍事史は、陸・海・空の軍制史、軍事技術史、戦史、軍事産業史、政治史など、分野のちがいによってそれぞれに時代区分が可能だろう。軍事教材史の分野では、以上の点からいって、一九〇四(明治三七)年の国定軍事教材成立期のつぎにくる画期的な時点は、この四一(昭和一六)年の国民学校令下第五期国定教科書の使用開始期だとすべきだろう。

軍事教材の分野でのこの大量入れかえは、軍指導部によって直接文部省におくりこまれた教育総監部付の将校たちの手ですすめられたといわれている(井上赳「国語教育の回顧と展望」一九五一年)。そうだとすると、これは、必ずしも図書監修官の内発の力によって遂行されたものではないことになる。軍部権力を背景にもつ外部の力によって、明治国家の末期に定型化された国定軍事教材は、はじめて「新しいヒロイズム」を採用し、そういう意味においていわば日本的なかたちで「近代化」された。わが図書監修官の世界は、このように、いろいろな意味で守旧の世界なのである。

なお、教科書史の多くは、こうした「軍部の干渉」の事実や新教材の性格などを理由に、この第五期国定本をもって、大正デモクラシーが遺産としてのこした「児童中心」の契機を欠落させた「軍国主義教育」の典型を示すものであると説いている。この教育史観は、歴史学者のものであるまえに、わが図書監修官たちのものである。たとえばこの第五期の図書局(のち国民教育局第一)編修課長だった井上赳は、後年の回想記で、この期に文部省内部でおこった図書課属の文部官僚と教育総監部派遣の省嘱託佐官層の対立を、「児童中心の自由主義」派と

「軍事的教科書」派の対立として描き出している(井上、前出書)。この同時代史観は全くのあやまりではないが、不正確さをぬぐえない。軍部の干渉で第五期本の製作過程がひきまわされたことは事実だが、その結果、わが国定教材がにわかに「軍国主義」化したわけではない。軍部の要求に応ずるとか、軍事をもって高度の国民の陶冶材とみる考え方は、いわれている「軍部の干渉」が直接的なかたちではじまる前から文部省内や教育界の一部にあった考え方である。

特殊の「近代」化

カイヨワの説くところにしたがえば、第五期の「軍部の干渉」がひきおこした新事態は、わが国定教材の軍国主義化ではなく、その軍事教材の「近代化」である。この大前提をおさえたうえで、いわれているように第五期国定教材が、児童観の領域における「近代」思想の一形態である「児童中心」の理念におよそなじみえない性格のものだとすれば、そうなった原因は、この期の改訂が二十世紀中葉の帝国主義戦争のさなか、しかも天皇制下という特殊の条件のもとで遂行された「近代化」だった点にある。カイヨワが、軍の近代化の特質として「密集した隊列」のなかでの「新しいヒロイズム」の成立の可能性と必然性とを強調するとき、かれの立論の前提には、人民主権の原理の成立を、封建兵制下の軍にかわる国民軍の成立過程と車の両輪をなすものとするヨーロッパ近代軍の伝統があったのである。カイヨワは、「兵役と選挙権とによって、市民は一つの新しい尊厳を得た。軍務上の責任は、政治上の責任を裏づけ、これを正当化するものであった。軍服と選挙公報とは、市民が獲得したところの平等の、目に見える印であり担保であった」とのべている。

「軍服」と「選挙公報」がペアになって四民の「平等」のしるしとなっている形態。フランス革命期の武器をもつ市民像に象徴される、共和主義者が同時に愛国主義者であるという事態。日本でも幕末・維新期の世直し運動に垣間みられたこの形態は、天皇制国家の成立とともに姿を消した。ことは、こうして「選挙公報」抜きで近代化されてきた日本の軍隊の倫理性の問題であり、その軍事を素材とする教材の客観的にふくみうる「児童中心」性の奥ゆきの問題だということになる。つぎにこの点を、個々の軍事教材に即して考えてみることにしよう。

(2) 匿名の主人公たち(国民学校の軍事教材)

「珊瑚海の勝利」ほか

「新しいヒロイズム」の養成という指導目標を担う教材づくりにあたって、わが「皇軍」と「聖戦」の現実はこれに適切な素材を提供しうるものだったかどうか。第五期本編纂の実務にあたった井上赳編修課長は、後年軍部指導下のこのしごとを歎じて、かれらのいう「皇国の道に帰一する」というのは、どこまでも一個の理念であって、これまでの教育の実際に於いて築き上げられた具体的方法もなければ理論もないので

四　珊瑚《さんご》海の勝利

(前略)今度はすばらしい勝報がやって来た。

「戦艦一隻撃沈。」

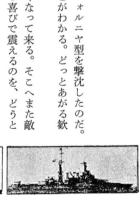

やった、やった。わが勇猛果敢な海の荒鷲《あらわし》が、米のカリフォルニヤ型を撃沈したのだ。更に英の戦艦ウォースパイト型にも、大損害を与えたことがわかる。どっとあがる歓呼。うれし涙が頰《ほほ》を伝って流れる。

荒鷲、よくぞやってくれた。目がしらが、じいんと熱くなって来る。そこへまた敵航空母艦ヨークタウン型撃沈の勝報である。全身が勝利の喜びで震えるのを、どうともすることができない。

午後になって、わが艦隊に敵機来襲。濠州《ごうしゅう》東岸の基地からでもやって来たのだろう。一隊は左舷から、他の一隊は遠く後方から爆撃して来たが、相変らず、とほうもない高度爆撃だ。あたるものではない。大きな水柱が、遠い海面にあがっては消えて行く。

三

この夜感激の軍艦行進曲が、遥か祖国の東京から放送されて来た。最前線の決戦場、南半球の珊瑚海で聞くラジオ放送——大本営発表である。

「航空母艦サラトガ型、ヨークタウン型二隻撃沈、戦艦カリフォルニヤ型一隻撃沈、

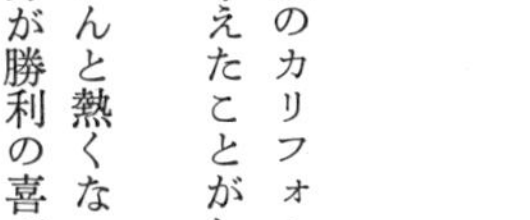

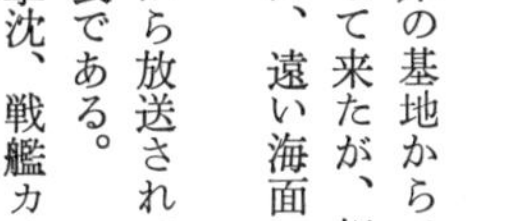

戦艦ウォースパイト型一隻に大損害……」
遠く大戦果は、一億同胞《いちおくどうほう》に、いな大東亜十億の民族に、全世界に、かく放送されている。軍艦行進曲を聞きながら、われわれは、だまったまま、静かに端坐していた。
（第五期初等科国語、八の付四）

ある」とのべている（井上、前出書）。渦中にいたこの人物の体験談の伝えるように、匿名の多数者を主人公とする第五期軍事教材群は、目標の「軍国主義」的性格云々のまえに、その教材としての水準の低さが問題であった。水準の低下をもたらした原因はなんだったろうか。教材の水準を決めるのは、子どもの日常生活のなかにある諸能力発達の契機を、目標を介してひき出し、ひきあげようとするさいの、その媒介力である。一例として、新教材のひとつである「珊瑚海の勝利」をあげておこう。

この教材は、実戦に参加した海軍報道班員の手記を典拠にしたものである。「ちゅうぎ」「乃木大将の少年時代」など初期軍事教材とちがい、匿名の不特定多数者が主人公になっている。その点で、前述のような意味で「近代化」された新教材といえるのである。同性格のものに、「マライを進む」（出典は陸軍報道班員手記『マライ電撃戦』）、「ダバオへ」（同じく陸軍報道班員手記『バタン・コレヒドール攻略戦』中の西山報道班員手記)などがあり、軍部公認の報道班員の手記に拠っている点にも共通性がみられる。

「新しい世界」ほか

第五期新出の軍事教材群には、もうひとつ、アジアの被圧迫民族の解放者としての「皇軍」を主人公とする系列のものがみられる。一例として修身から、「新しい世界」と題するものをあげておこう。

この教材には、日本軍によるアジアの解放と民族の発見を教えるというその指導目標を子どもが認識してゆくうえでの手掛りとなる、かれらのものの考え方や生き方に即した教材の生活性が希薄である。同じことは、同系列の新出教材である「満洲の冬」(よみかた四の十)、「セレベスのゐなか」(初等科国語七の付三)、「ジャワ風景」(同七の付一)、「サラワクの印象」(同七の付四)などについてもいえる。またこのことは、「トラック島便り」(第三期国語九の二)、「京城へ」(第四期国語九の十九)など、第五期以前からあった植民地関係教材についても、多かれ少なかれいえることである。なぜそうなったのか、この植民地関係教材の問題については、あとであらためてとりあげよう。

教材「珊瑚海の勝利」「新しい世界」に共通しているのは、子どもの日常生活に根づくという教材づくりの「近代」的原理の方は欠落させて、近代化の外見上の結果のひとつである英雄

二十　新しい世界

昭和十六年十二月八日、大東亜戦争の勃発《ぼっぱつ》以来、明かるい大きな希望がわき起って来ました。昭和の聖代に生まれて、今までの歴史にない大きな事業をなしとげるほこりが感じられて、たくましい力がもりあがったのであります。

わが日本と志を同じくするドイツ、イタリヤ両国もまた新しい欧州《おうしゅう》をつくろうとして、地中海に、アフリカに、大西洋に、米英《べいえい》に対する戦をくりひろげ、またソ連《れん》とも戦っています。世界をわがものにしようという野心によってつくられた古い世界が、しだいにくずれ落ち始めたのであります。

こうして、私たちの目の前には、喜びにみちみちた希望の朝がおとずれました。いろいろの国家が、ともにさかえる正しい新しい世界は、やがて築きあげられるにちがいありません。

すでに満洲国は、かがやかしい発展《はってん》をとげました。国民政府《せいふ》もまた支那で、着々とその基礎《きそ》を固め、タイ国も、東部インド支那も、日本と親密《しんみつ》な関係を結び、相たずさえて、大東亜建設《けんせつ》のために、協力《きょうりょく》しています。（中略）

今、はっきりと私たちの果さなければならない使命についてわきまえ、それを果すことのできる日本人となるようつとめましょう。

（第五期初等科修身、四の二十）

豪傑に代る不特定多数者原理だけを形式的に採用している点である。井上赳編修課長は、これを軍部の無「理論」による「児童中心」原理の欠落と認識している。その結果が、これら新出教材の教材としての水準、つまりその陶冶力の低下となって現われていたとすれば、この事態は、教材づくりの手続き上の軍人のたまたまの無理論や無理解に由来するというよりも、むしろ国民の知る権利を含む民主主義抜きの軍と軍国の近代化なるものの日常生活態が、もはやどのような意味においても「新しいヒロイズム」を育てる陶冶性をもった素材を提供できるものではなくなっていたことの表われだったのではないか。

聖戦の日常　原因は教材づくりの技術の水準というより、素材と素材の母胎たる「聖戦」の日常の側にあった。太平洋戦争下の「皇軍」とアジア諸地域における「軍政」の実態については、今日いくつかのことが知られている。

現地諸民族の信仰や習俗とは関係なしに「昭南神社」や「日本料理」店をつくり、日本人の、しかも将校だけがあつまって、事を議し、戦勝を祝うというのがマレーシアの「軍政」の実態だった(黒田秀俊「共栄圏の虚像・軍政」一九七四年)。共栄圏といっても、日本を「家長」とし「盟主」とする先入観は、中国、ビルマ、インド、どのばあいにも変らなかった(太田常蔵『ビルマにおける日本軍政史の研究』一九六七年)。軍とその指導する共栄圏内のどこにも「新しいヒロイズム」の育つ心性の基盤はなかったし、「民族の発見」の露頭もさだかでない。それどころか、軍事の現実をリアルに取材すれば、そこには、国定軍事教材の指導目標である共栄圏の理念とは必ずしも重ならない大戦下アジア諸国民の生活の日常態が姿をみせる。共栄圏の日常態にはまだよく知られていない部分が多く、知られている部分も、ひとつの側面であろう。また、日本の教科書が現実を知る権利にこたえていなかったからといって、逆に、かつて旧日本「軍政」下にあった国々が、解放と独立後に編集した教科書がこの権利にこたえているとは必ずしもいえない。しかし、皇軍の無条件降伏後まもなく、これらの国々で次のように説く教科書がむかえられていたことは事実である。

アジア民族のアジアという合言葉の下にインドネシア指導者の多くが日本に心を寄せた。(中略)協力を求められたとき、オランダによって幽閉地にいたインドネシア指導者たちは不安を感じた。それは朝鮮、中国、満州、台湾などで日本ファッシズムがいかに残酷であったかを彼らは知っていたからである。日本の要求を受け容れることはすなわち社会民主主義、民族社会主義の理想を放棄することを意味していた。しかし、政治的理想はどんな方法をとってでも達成すべきだと(中略)(スカルノとモハッマド・ハッタは)これを受け容れた。彼ら二人は、ジャカルタにやって来てアミール・シャリフッディンやスタン・シャーリールと秘密に連絡して、地下運動を一緒に始めよう、そして時がきたら一致して抵抗に立ち上ろうと約束した。（インドネシア高校用インドネシア史教科書『支配を受けた五つの時期から独立時代へ』一九五七年。森弘之訳、山本達郎監修「東南アジアの諸国の教科書にみる太平洋戦争」一九六五年）

百年以上もの間、ビルマを支配したイギリス軍を追放できたので、全ビルマ人は歓喜し、日本に感謝した。日本軍は至るところで、太鼓、ドラを持った住民の歓迎をうけ、食物、飲料水が提供された。（中略）一年経つと、日本人はビルマ人を抑圧し始めるようになった。ビルマ人の財産、家畜を戦争のためと称して強制的に徴収した。米、食用油、胡椒、たまねぎ等を、日本兵をまかなうためと称して、住民から強制徴収した。（ビルマ高校上級用教科書『ビルマ史』荻原弘明訳。同右）

監修官たちのジレンマ

これら旧共栄圏下アジア諸国家の戦後教科書を通してみられる「軍政」の現実は、政治的立場の転換がもたらす叙述の逆の一面化を割引いたとしても、このままでは日本の国定教材の素材になりうるものではない。そのうえでなおも、この現実に素材をとる共栄圏ものの軍事教材をつくろうとすれば、ベテランのわが図書監修官たちが技巧をこらしたとしても、結局は生活の現実味を欠落させ、その結果、みずからの教材としての陶冶性を低めるものにならざるをえない。「児童中心」の原則に固執しようとする良心派の一部図書監修官の技術的立場は、そこで、みずからが忠誠をちかう国家目的とのあいだで深刻なジレンマにおちいる。四四年六月にはついに省を去る編修課長井上赳。かれは、第五期本に対する軍の当初の要求をまえにして監修官会議を開き、つぎのような趣旨を局長を通じて教育総監部に伝えた。

「この要求は技術上到底実現し得る見込なし。」

その結果、総監部付の佐官が嘱託のかたちで文部省にのりこみ、直接に新出教材づくりに関与することになった、といわれる(井上、前出書)。図書監修官会議のおいこまれたジレンマは、かれらが新教材づくりの出典にと指定された陸海軍報道班員手記の執筆者たちのレベルで早くもあらわれていた。かれらは、戦争や共栄圏の現実にふれては手記はパスしないという、ノン・フィクションものにとっては致命的な困難にさらされつづけていたのである(寺崎浩『戦争の横顔——陸軍報道班員記』一九七四年)。

不特定多数者を主人公とした新型の国定軍事教材は、軍の近代化に対応する「新しいヒロイズム」の担い手として、登場すべくして登場してきたものであった。しかし、日本における当の近代化過程のもっていた構造的欠陥のために、いかなる国民的ヒロイズムをも内面から育てえない、欠陥教材になってゆくほかはない性質のものだったのである。

(3) 廃棄される中世戦の美談

中世戦の残映

第五期本には、こうして新出の目標にあわせた新教材が大量に現われたが、同時に、既成教材のいくつかがその目標にあわないため廃棄となった。そのなかには第一期から連続採用されていたものもある。また、廃棄にはならないものの、比重の軽くなったものもある。これら古くからの教材がすべて落されたわけでない点が意味深長であるが、その理由についてはすでにふれた。ここでは、新しいヒロイズムという新目標にあわないために、比重が軽くなった例として広瀬武夫ものを、廃棄された例として木口小平ものをとりあげ、調べてみることにしよう。広瀬武夫ものは、第二期本から、修身・国語の両方で採用され、三期、四期と同じ比重でつづいてきていたが、第五期本にいたって国語だけとなった(「広瀬中佐」四の十七)。木口小平はいずれも修身で、第一期本「ユーキ」から第二期本で「チュウギ」と変わり、これで三、四期とつづいていたが、第五期本では完全に姿を消した。このことについては、すでにのべた。

この二人は、ひとりは海軍の将校、他方は陸軍の兵士というちがいがあるものの、いずれも

第二十四　広瀬中佐

とどろく砲音《つつ》、飛来る弾丸《だんがん》。
荒波洗うデッキの上に、
やみをつらぬく中佐の叫。
「杉野はいずこ、杉野は居ずや。」

船内くまなくたずぬる三度、
呼べど答えず、さがせど見えず、
船は次第に波間に沈み、
敵弾いよいよあたりにしげし。
今はとボートにうつれる中佐、

が、「華麗な軍服やファンファーレ、かつての厳格でまた貴族的な試合ぶり」の時代の残映をとどめていた軍人たちだった点で共通している。

広瀬の美談

「「杉野はいずこ、杉野は居ずや。」／船内くまなくたずぬる三たび……」

部下思いの広瀬指揮官。将校としてのマナーを貫徹するために、危険を承知で敵弾に身をさらす明治の武人。それに、危地にあっても子どもとかわした約束をわすれなかった律儀な軍人。一九〇四(明治三七)年三月旅順港外で戦死したこの一軍人の逸話が知られるようになるのは、『日露戦争実記』(博文館)の臨時増刊号『軍神広瀬中佐』(同年四月)以来のことで、戦死後一か月もたっていない。これを皮切りに広瀬に関する記事が続々と出るが、これらを集大成して同時代の国定広瀬武夫像とでもいうべきものを成立させる起動力になったのは、翌年二月発行の大分県教育会編纂

> 飛来る弾丸《たま》に忽ちうせて、
> 旅順港外うらみぞ深き、
> 軍神広瀬と其の名残れど。
> （第三期国語、八の二十四）

『軍神広瀬中佐詳伝』であった。二八（昭和三）年の二五回忌を機に、広瀬熱は三〇年代にかけて第二のブームをむかえ、さらに幾冊かの広瀬伝が編まれるとともに、広瀬神社の創設となる。このような民間の一部にあった広瀬熱に支えられて、唱歌教科書にも採用され口ずさまれるなど、国定教材の主要主人公のひとりとしての広瀬武夫の地位は不動のものであるかにみえた。しかし、巷間に伝えられてきたかれの「美談」は、一編の読み物としては国定教材中になお座をあたえられても、「帝国軍人」や「皇国臣民」のあり方を公的に体現する修身教材の主人公としては不適当なものとみなされる。武人としての中世的形態が、まえに問題にした文人肌将校の側面とともに、ヒロイズムの近代的形態にあわないものになってきたのである。

国語の方としても、苦しいところだったらしい。芦田恵之助《えのすけ》の恵雨《けいう》会の同人たちは、生活綴方運動の源泉のひとつを育くんだ芦田のヒューマニズムをうけつぎながら、日本の国家制度に

対しては疑いの目をむけることのなかった教師たちだった。そのひとりである岩瀬法雲が、軍国日本の軍人像にとってこの教材の不当でないゆえんを、苦労してこう説明している。「此の詩は中佐の軍神としての名を讃えたと言うよりは、人としての死を悼んだ詩である。之は普通に我々が中佐を観る観方と稍々《やや》趣が異っている。中佐が戦死されて間もない当時なら、或はそんなことをする者もあるかも知れないが、何時までもそうすることは、中佐の徳を感じない者のようで、寧ろ不都合である。けれどもそれをして今も不都合でない場合がある。少なくも不自然でない場合がある。それは旅行者が其の地を踏んで往時を追懐する場合である。此の詩は恐らくそうした人に依って作られたのではないかと思う。」(岩波講座『国語教育　小学国語読本総合研究』巻八〔第四冊〕、一九三七年)

木口小平の退場

軍事美談の名をほしいままにしてきた教科書史上最古の歴史をもつ木口小平になると、この期にのぞんでの没落ぶりは広瀬武夫以上に激しい。まえにのべたように、「シンデモ」ラッパを口からはなさなかった一兵士の史伝は、検定制時代の教科書にもすでに何回か登場し、広く知られるようになっていた。国定制時代にはいると、前記のように徳目が変るとともに、主人公の方も変った。誰が真の主人公かの論議はまず地元岡山の小学校教師の間ではじまり、ついで中村の本格的な「二人のラッパ卒」論が出る。先にあげた今泉定介ほか著の検定本教科書の「成歓の役の喇叭《らっぱ》卒《そつ》」には、「此の喇叭手の名は白神源次郎といいて、岡山県の人なり」とある。白神か木口かの論争は、個人の名誉を重視する古い時代のヒロイズムが排除されてゆく軍の「近代化」過程で、まさしくそれに該当する教材としてこれが消される遠因になっていると思われるので、すこし立ち入ってのべておこう。

一八九四年八月二五日刊の『教育時論』誌第三三七号に、「戦時美談(修身談の好材料)」と題し『国民新聞』からの転載のかたちでのせられているつぎの記事は、同じ題材を教育界むけ雑誌があつかった一例であるが、ここでは問題の兵士は匿名で登場する。

○垂死の喇叭卒　朝鮮成歓の役、我軍清軍の襲う所となり、(中略)兵士陣没するもの相継ぐ。中に一喇叭卒あり、頻りに進軍の調を奏す。其声、初めは堂々乎として万馬突出の勢あり。已にして急調となり、已にして断続し、已にして其音呼吸の如く低く、已にして音なし。就て之れを見れば彼は其胸部に銃丸を受けたる也。其急調は初めて銃丸を受けしがため也。其音の断続せしは其痛に堪えざりし也。其音の呼吸の如く低かりしは、彼が銃丸のために吐き出したる血の最後の一滴まで、其の喇叭を吹奏したるがため也。其音絶えたるは、其血已に絶えたるがため也。何等凄絶、何等勇壮、而してまた何等絶大至強なる義務的道徳的の最後ぞ。

この「一喇叭卒」が「白神源次郎」であるとの説は、ラフカディオ・ハーンの評論「心」はじめの当時の多くの評論・史伝類で採用され、その所属部隊史である『歩兵第二十一連隊史』(一九二〇年)などの軍史にも受けつがれていく。ところが、文部省の方は、一九〇四(明治三七)年八月出版の第一期国定修身書にこの事件を軍事教材の素材として採用して以来、一貫してこれを「木口小平」としてきた。そこで、民間では、誰がほんとうの主人公かが問題にされてきたが、文部省はがんこに木口小平説をとりつづけ、ラッパ卒登場の最終本になる第四期修身書の教師用書関係部分(巻一、一九三四年)には、「備考」として木口の戸籍やかれが父親にあてた手紙を収め、さらに本教材の典拠として、軍関係の記録である参謀本部編纂『明治廿七八年日清戦史』と、歩兵第二十一連隊所蔵本『明治廿七八年戦役美譚』の二つを収めた。この小学校教員むけ参考史料は、ラッパ手戦死点の地図まで入ったていねいなものであるが、中村紀久二が指摘しているように、これでは当のラッパ手が白神ではなく木口である証拠にはならない。

廃棄の背景

これほどまでに固執してきた木口小平を主人公とする国民的軍事教材を、文部省は第五期にいたってなにゆえにすてたのだろう。

教育の指導目標をより深く、ひろく、子どものものの考え方や感じ方にしみこませるには、当の指導目標を担う教材の素材を、子どもの、できるだけ基礎的で身近かな生活の深部からとらえらばなければならない。このことは、軍事教材にかぎらずすべての教材づくりの原則である。この点で、木口小平は広瀬中佐以上に有効な素材だったはずである。広瀬が将校であるのに、木口は日本中どこにでもいる普通の兵士、それも、農家の生れで、鉱夫をしていた兵士だったからである。しかし、そういう意味でなら、木口ではなく白神でもよかったはずである。白神もまた、ひらの一兵士、農業のかたわら高梁川《たかはし》に船頭を営む家の出身であった。両人はともに、公立小学校に通う子どもにとってはごく身近かな存在である。そうだとすると、教材づくりにおけるこの原則の大切さを早くから強調していた「新教育」論者の樋口勘次郎がのべていたように、「シンデモ」ラッパを口からはなさなかったのは誰かをめぐる民間の論争や詮索は無用のことで、「修身上の話としては誰にても宜し。唯、此の事実が貴きなり」(樋口勘次郎・野口滝次郎『尋常修身教科書 教師用』一九〇一年)だったのである。

だが、巷間での論争は、そうはいかない。国定教科書上の人物になるかどうかは、血縁原理、財産原理、学歴原理、そのいずれからもはずれて生きている人間が、地域の小さな共同体のなかで占める地位に、どうにもならない浮沈のしがらみをまといつかせる力をもっていて、そういう意味でぬきさしならぬ重要関心事だったからである。白神源次郎の従弟にあたる人物が第二次大戦後になって「敗者」の感想を求められたときの応答には、民衆社会のこのかんの事情がよくあらわれている。当時八四歳になっていたこの老人は、「運動」の足りなさをいかにも残念といった口調でこう語ったという(西川宏「もうひとりのラッパ手」一九七〇年、中村、前出書による)。

「わしが子供の時分にゃあ、源次郎にまちげえはねえ言うて見に来る人もありましたが、木口小平が有名になりましてなあ。木口にゃあ株内(身内か)に有力者が居って運動したそうですなあ。それからは話にも出ません。」

中央で有名になることによって地域で他に抜きん出ることを求めるこの論法は、「偉功をもって他に抜きん出ることはもはや有害で、逆に密集した隊列のなかで目立たぬ位置を占める能力が要求されるようになった」時代の国家原理には、全くあわない。「出かせぎ型」地域主義とその基盤である地域の地縁・血縁の小共同体を解体しつくして、全大衆を白神家も木口家も含めてばらばらにし、軍事的帝国主義の巨大な人材プールになげこみ、「皇国ノ道ニ帰一スル」実用マスに転化してしまうこと、これが、家族主義国家日本にあっても、いや応なしに進行していた軍の近代化の過程だった。伝統ある木口小平関係の軍事教材を葬った国側の論法はこれである。その家の固有名詞が国定教科書にのっていることをめぐってつづいてきた、関係者とこれをとりまく民衆社会の静かな、しかししぶといかけひきと誹謗のうねりは、近代軍にとってはもはやじゃまものであり、これが木口関係教材のキズになってきたのである。

キズとはなにか

教材に現実味をおびさせ、その陶冶力を高めようとして、国民の日常生活に素材をとるとそこにキズが出てくる。「水兵の母」しかり、「一太郎やあい」しかり、「三勇士」しかり、そして広瀬中佐、それにこの木口小平のばあいもしかりである。キズが出るのを避け、かつまた近代マス社会の要請に対応すべく、一般匿名者を素材にすると、その陶冶力は拡散してしまうか、無に近く落ちてしまって教材のていをなさない。靖国・兵役関係しかり、そして第五期の報道班員手記ものや共栄圏もののいずれもしかり、である。

これが、教材の改廃史をたどって出てくる結論である。このことは、陶冶力ある教材らしい教材は、国家にどのような権力があろうとも思いのままにつくれるものではなく、そこには、権力の恣意をはばむ、見えにくいが大きい国民の心の壁がはりめぐらされていたことを物語っている。それを、わたくしは、これまで素材の不適切さとかキズというふうによんできた。しかしそれは、国家や軍部の側からみれば不適切さでありキズなのだけれども、教化と教育の当の対象とされてきた民衆の側からみると、ひとつの自前の生き方の表明であり、国定教材づくりという機会を利用しての自己の意志の表明でもある。そこには、それなりの展望と体系をもった能動的存在としての民衆の姿が浮かび出てくる。じっさい、わたくしがこれまでキズとよんできたものを積極的にとらえなおし、そのうえに、国家の軍事教材とはちがうもうひとつの軍事教材をつくる試みが、同時代をとおしてつづけられていたのである。それははじめ少数者の試みであり、稚拙でぎごちなさすらともなっているものだが、今日、日本でも多少ともみられるようになったふところ深く陶冶性をもつ教材づくりの源泉をつちかった動きのひとつとして、注目しておいてよいことがらである。次章では、軍事教材史のこのもうひとつの回廊をたどってみることにしよう。

III 軍事教材の転生

軍事教材転生の舞台となった書誌類

III　言語文化の源流

1　変身する軍事教材

(1)　水面下の演出者

教材の改廃理由を調べていくことによって、文部省のすすめた改廃作業の裏側に、じつは、近代日本の軍と学校をまきこんだ深刻な内部矛盾のあったことがわかる。このことは、その矛盾の事態・事実を素材にして、国定教材とは目的も指導目標もちがう反官・反軍の軍事教材づくりが、同時代において可能だったことを物語っている。じっさい、軍国日本の内外の反対勢力が国定軍事教材に対しておこなった闘争事例を調べてみると、「水兵の母」「一太郎やあい」「三勇士」など、わが監修官たちをてこずらせ、悩ませた教材にかぎって、このもうひとつの教材づくりの試みは興味深い深まりをみせているのである。

民間軍事教材の誕生

一九二〇年代から三〇年代にかけての国際的なデモクラシーと社会主義運動、そして、国内の在野運動の高揚期に、国定教科書の批判と新教材の製作および使用を試みたのは、新学校に拠った「自由教育」者たちであり、なかば非合法の教員の労働組合員や労農少年団運動にとりくんでいた農民組合の青年たちであった。また、軍国日本の植民地・占領地であった朝鮮、中国等の抗日勢力も同様の試みをした。この章では、これら在野の活動家層にむけて、それぞれの関連団体が用意した「新学校」副教材や「プロレタリア教育の教材」、「抗日教材」中の関連部分がどのようなものだったかをのべておくことにしよう。

新学校の副教材

一九二七(昭和二)年の福岡連隊事件を論じた水平社機関紙『水平新聞』には、このようにのべられている。ここに同紙のいう「直接に専制支配への反抗」をめざす「全無産階級戦線」が近代の日本に形成されてくるのは、大逆事件後、一九二〇年代にかけてのアナ・ボル論争を通じてである。官界にも学界にも見切りをつけて民間に出た元教科用図書調査委員会委員の沢柳政太郎の成城小学校(一九一七年開校)や、キリスト者羽仁もと子の自由学園(一九二一年開校)は、同時代が、教育界という軍隊とならんで保守的な領域に生みだした新しい動きを代表する

「従来の単なる糾弾運動が、今や直接に専制支配への反抗となって(中略)現われ出したので、玆《ここ》に始めて恐れを抱き(中略)積極的弾圧へと、彼等(政府側)も亦意識的な展開を開始したのである。」

新学校のひとつである。その教育は「自由教育」とよばれ、実践現場では、いくつかの反軍国主義、反国家主義の立場からの新教材がつくられた。成城小学校国語研究部編の『お話と聴方教授資料』(上・下、一九二五年)や『児童文学読本』(一九三二年)、千葉師範付属小学校の白楊会員の著『こども哲学叢書』(全五冊、一九二五年)、羽仁もと子著『子供読本』(一九二七年)などがそれである。『子供読本』の一節、「四海兄弟」の一部を引用してみよう。

四海兄弟というのは、世界中の人は、みんな兄弟だというのです。なぜでしょう。(中略)世界中でだれか一人不養生をして、コレラだのペストだのという病気をつくりだすと、それがじきに方々の人にうつって、大へんなことになります。どこの国に戦争がおこっても、世界中の人がくるしみます。まるで世界中は、一つのおうちです。だから、その中にすんでいる人は、みんな兄弟だというのです。皆さんがふんぱつして、よいことをすると、それが世界中にひろがって、世界中の兄弟のためになります。

新学校の反軍・平和の新教材は、国定教科書にはふれずに、副読本のかたちをとるものが多かった。もうすこし早く開校した新学校の成蹊小学校では、国定教科書の一部を全文かながきに印刷し直して使用しようとしたが、これは例外的である。国定教科書にふれないとなると、そこに収められてきた木口小平以下の軍事教材に正面から対決することにはなりにくい。たとえば前記の『子供読本』は、木口一等卒、広瀬中佐、橘中佐、乃木大将、能久親王、明治天皇など、各期の国定軍事教材づくりに数々の素材を提供してきた日清、日露戦については、「今は世界の日本国」と題して、つぎのような扱い方をしている。

ちっぽけな日本だが、といって支那がまずけんかをしかけてきました。次にロシアが出てきました。日ごろ一しょうけんめいに勉強していた日本の陸軍や海軍は、あらんかぎりの力を出して戦いました。そうして勝ちました。世界中の国々が、はじめて日本が、ちょっとの間に強い国になっているのに気がついておどろきました。明治天皇の古今にまれなえらい方であることにも感心しました。こうしていつとなく、日本の国は、世界の強国のなかまに入れられるようになったのです。皆さんはその日本国民です。

この種の新教材を生みだしていた同時代の民間の教育運動は、その基盤であった吉野作造いうところの「民本主義」運動が、第一次大戦終結前後のころをさかい目に解体をはじめるにおよんで、転換期にはいる。この転換と解体のなかから新しく民間在野運動の分野にあらわれてくるもうひとつの勢力によって、『子供読本』いうところの「世界の強国のなかま」という枠組とはちがう枠組をもつ教材がつくられはじめる。教材史上「プロレタリア教育の教材」とよばれているものがそれである。

プロレタリア児童文化

「プロレタリア教育の教材」の源泉のひとつは、プロレタリア文化とプロレタリア児童文化運動によってつちかわれた。

プロレタリア文化運動は、一九二一（大正一〇）年、秋田県下での雑誌『種蒔く人』発刊にはじまり、戦旗―文戦対立時代を経て日本プロレタリア文化連盟（三一年結成、「コップ」）に拠る人びとの文化運動へとひろがっていっているが、その秋田県での出発のときから児童版とでもいうべきものを伴っていた。二二年に種蒔き社が発刊したリーフレット『種蒔き少年』がそれである。これが日本におけるプロレタリア児童文化の源泉であり、「プロレタリア教育の教材」の源泉をつちかったもののひとつということになる。『種蒔き少年』の着想は、文戦派（雑誌『文芸戦線』に拠る人びと）には、『文芸戦線』誌「小さい同志」欄（二四年六月開設）に受けつがれ、戦旗派には『無産者新聞』の「コドモのせかい」欄（二六年六月開設）に受けつがれた。後者はのちに独立雑誌『少年戦旗』（二九年一〇月創刊）に発展する。これらの紙誌に発表された作品は、この時期の左翼組合である日本労働組合全国協議会（「全協」）や全国農民組合（「全農」）系の労働組合や農民組合の指導する少年少女組織の教科書になったり、やがてこの運動に参加しはじめる教員たちの新教材作成のためのテキストになったりした。ということは、プロレタリア（児童）文化運動の指導部は、とりわけ、教員が独自の組織をもっていなかった初期の段階においては、プロレタリア教育の教材の編集本部の役目を演ずるものになっていたということである。プロレタリア児童文化の作品は、はじめ文学作品(散文、詩、童話など)が主だったが、やがて、プロレタリア修身、プロレタリア日本史からプロレタリア算術、プロレタリア理科といった形のものまでが姿をみせるようになっていった。

教師の集団

国定教科書の忠実な解説者としてながく育てられてきた初等学校教員層にプロレタリア文化運動が入ってくるのは、二七(昭和二)年の「義足同人」結成からとするのが通説である。プロレタリア文学の研究グループだったこの東京市の教員の小グループは、やがて、近隣の同傾向の教員グループを吸収し、官憲の弾圧下でのいく度かの組織がえをへて、三〇年八月、教員組合の全国組織を結成することになった。文化団体の組合への組織がえである。この組合は日本教育労働者組合(「教労」)と称した。同年一一月、教労は非合法に創立大会を開き、当時の国際教員組合エドキンテルンの綱領採択や前述の左翼労働組合「全協」加盟を決定した。また国定教科書との「闘争」、「貧農父兄会」の設置、「労農少年団《ピオニール》」支持などの活動目標を決定した。さらに、プロレタリア教育の研究と宣伝の合法機関として、元成城小学校教師山下徳治を所長に同年一〇月東京につくられた新興教育研究所(「新教」)を利用する方針を決定する。新興教育研究所の機関誌『新興教育』は、三〇年一〇月創刊と同時にほとんど全国にわたる読者をえ、さらに朝鮮、満州、台湾、上海方面にまで読者網をひろげた。朝鮮のそれは同地の反日独立運動に結びついてゆくことになる。

教労は「全協」に加盟するとき、デパート従業員の組合など同系統組合と一緒になって「一般使用人組合」とよばれる組合を結成した。他方、新興教育研究所の方は、前述の「コップ」に加盟し、言語、哲学、宗教、文学から科学の諸分野にまでおよぶマルクス主義の諸文化団体と連帯するとともに、自分の方は新興教育同盟に改組した。こうして「義足同人」結成にはじまった教員組合運動は、名実ともに、マルクス主義を基礎理論としたこの時期の国際的な左翼無産大衆運動の一翼に組みいれられたのである。このことにともなって「プロレタリア教育」運動内部に発生したさまざまの内部矛盾と運動の発展については、わが国教員組合運動史の説くところである。

その矛盾と発展史の諸側面のうち教材史の面で特徴的なのは、傘下の教師たちが、いわゆるプロレタリア文化ないしプロレタリア児童文化運動のなかから出てきた「プロレタリア教育の教材」を初等学校の教材として採用するとき、そのままうのみにはせず、ときにはこれに対して批判的な態度をとった点である。現場の教師の間から出てきたこの「プロレタリア教材」論は、当時の国際コミュニズム運動の組織のひとつであるプロフィンテルン第五回大会の

「アジ・プロ」部会の決議の影響下に発展したものといわれるプロレタリア(児童)文化運動系の「プロレタリア教育の教材」論とは、微妙にちがっている。今日「プロレタリア教育の教材」として知られているものは多く後者の系譜のものである。しかし、これだけにつきないもうひとつの系譜があったことは、民間の「軍事教材」史を調べてゆくとき、大切な観点になる。

(2) 生まれかわる美談の主

代々の図書監修官たちの手になる国定軍事教材を、反軍国主義の立場からつくりかえる動きは、こうして一九三〇年代にかけての無産大衆運動のなかではじまった。「プロレタリア教育の教材」は、学校教育の教科目全分野にわたっているが、ここでは、そのうち、軍事に素材をとった民間「軍事教材」とでもいうべきものに限って、話をすすめることにする。

「水兵の母」のばあい

新興教育研究所はコップ加盟後、精力的にピオニール関係の教科書を編輯発行したが、そのひとつ、一九三二年八月三日付特輯『ピオニーロ夏休み帳』で、最強の国定教材のひとつである「水兵の母」の素材をプロレタリア教育の立場からとりあげ、教材化した。以下はその一部である。

水兵の母

(前略)

大尉(おこった声)「こらっどうした命が惜しくなったか。妻子が恋しくなったか。軍人となって軍《イクサ》に出たのを男子の本懐と思わず其の有様は何だ。兵士の恥は艦の恥、艦の恥は帝国の恥だぞ。」

水兵六(驚いて飛上る。だんだん怒りの色をあらわす。黙って手紙を渡す!)

大尉(手紙を受取る)「何だ是は(いやな顔をしながら)ふん。女の手紙だな。」(大きな声で読む)

　聞けばお前は豊島沖の海戦にも八月十日の威海衛の攻撃にも別にけがもなかったちう清二の話じゃがやれやれと安心しただ。お前が出たあとの村ちうものはそれはそれはひどいもんじゃ。お前の働いていた田には草が生え、お前の可愛がって居た兎は六匹とも死んじまった。すけどんちの三男坊は大砲の弾でとんじまったちうじぁねえか。

　俺は地主様の作男がわりにつかわれているだが、この年に無理な仕事で一日十五銭、是でどうして三人の伜を養って行けるだか、今に母も伜もヒボシさ。(中略)そんなようで家ばかりでねえだ。村中あっちでも夏の池の鮒みてえに、村人がアップアップしているだあ。じゃが母はお前の怪我もなく戦死もせず無事に帰るのを待ってるだあ。例え上官の命令じゃとてもあぶない所へは行くな。お前ばかりでない。お前と一緒に働く水兵ちう者にも親も子もあるべえ。何とかうまくやって生きて帰って来てくれ一生のねがいだ。友達の水兵様によろしく云っておいてくれ。書いているそばにはカタワの清二もお前の可愛がっている三人の弟もいるだあ。皆やせこけているだあ。

大尉「こらっ不とどき者、何と云うことだ。」(水兵をなぐりつける)

第四景

水兵六がなぐられてたおれて手紙を持ちながら泣いている。他の水兵登場。

水兵一「何だ何故泣いている。福田。」

水兵二「おい手紙を持っているぞ」(水兵三、四、一、手紙のまわりに来る。そしてみんな読み合う)

水兵三「俺の嬶はどうしているだろう。俺の子供は」

水兵四「国のためだ何て云ってるが一つも俺達のためではないじゃないか。」

水兵三「そうだ。俺達は何のために戦してるんだろう。」

水兵六(泣きながら)「母の云うことは本当だ。お母さんの云う通りだ。俺達は自分のとくにならない上に支那の労働者や農民をやたらに殺すのはいやだ。」

水兵一、二、三、四、六、(声を揃えて)「そうだ! そうだ! 俺達は金持ばかりの得になるばかばかしい戦争はマッピラだ。皆して戦争をやめよう!」

改作「水兵の母」の裾野

「水兵の母」有村おとげさにとっての問題は、図書監修官のいう軍国の母のふるまいといった立派なものではなく、息子が国定教科書の教えや「上官の命令」におどらされないで我身大事と「うまくやり」、どうやって無事にムラへ帰ってくるかであり、それが農民兵士やその母たちすべての本音でもあったというもうひとつの軍国日本の母と兵士の現実が、ここではあからさまに形象化され、教材としての機能を国定版のばあいとは一変させている。この改作版もとらえているように、中堅労働力の根こそぎ召集にともなう家族の生活の破綻や地域の荒廃は、戦争が長びくにつれてさまざまのかたちで深まりつつあった。そして、それが、召集をうけた家とうけない家のちがい、同じ召集者でも職業軍人・将校と一般兵士との格差に結びついて、ことあるごとに、関係者国民各層の不満をよんでいた。その不満は、学校教育、青年団、隣保組織、思想警察、憲兵隊と、国民生活を幾重にも監視し、統制していた国民思想管理の網にとらえられて容易には表面化しなかったけれども、時に表面に噴出した。三七(昭和一二)年八月八日、広島県福山連隊区司令官宛に次のような発信人不明の投書が寄せられた。

無鉄砲なる多数の召集は農村を混乱状態に陥らしめ人心恟々《きょうきょう》として放火鉄道破壊等内乱沙汰にまで及ばんとする有様であります。(中略)手間不足も影響して農産物の減収となり農村問題までも引起すと云う様な趨勢となり不良分子に到りては悪宣伝まで成すものがあります。軍部を非難する声を所々に聞く有様なる故召集は全国各地同程度となし特に未教育召集は成可二十四、五歳の元気盛んなる者までに止められ度、首くくり夜逃等もあらわれました。右御参考までに通知旁々御願い申上げます。(『特高外事月報』一九三七年八月)

じっさい、『特高外事月報』『思想月報』など取締側である官憲の資料に記録されているものだけでも、この種の「軍部を非難する声」は少なくない(稲垣真美『天皇の戦争と庶民』一九七五年)。たとえば、同年八月六日、大分県下毛郡真坂村のある応召一等兵は「同じ出征する軍人でも職業軍人である将校と三大義務に基く一般兵との間に極端なる待遇上の差異あることは甚だ遺憾だ。この際国民もこの点について関心を持たねばならぬと思う」と、見送りの小学校長に語ってはばからなかった。翌年八月二二日、北支派遣軍のある軍医は、故国の女教師むけの手紙につぎのようにしたためた。「吾々在郷軍人は危険に曝される外何もない。優遇されるものは現役軍人、即ち軍人商売のほうですから面白くない。偉い人が入れ変り、立ち変り勲章を戴きに戦地へ来てすぐ帰ってしまい、下の者は何時帰れるか解らない。この人たちは生命に危険は全くない。うまく出来ている。かようなことを知り尽して教壇に立ったら、更に実効ある教育ができると思います。この間姉さん宛軍部の悪口を書いたら、憲兵隊へその手紙がおさえられた。教育者の参考までと思ったが、(中略)軍部には工合が悪いらしい。」その翌年の三月には、こんどは警視庁丸の内警察署あて、中国派遣の一兵士から一通の投書がよせられた。文中にいう。「一日も早く凱旋なくば思想国難襲来せん」。他方「銃後」では、同年二月、北海道のある農家の主人が「農家ではこの忙しい時に兵隊には取られるし頼りとする馬も徴発され仕事をするに大支障がある。とにかく戦争は早く終って貰いたいと念願している」と産業組合の事務所で数人と語りあい戒飭処分をうけた。

「流言蜚語」のひろがり

そのほか、「軍人ばかり出る家は貧乏の上に益々貧乏する、軍人に行かぬ家は益々金持になる、金持からも軍人に出る様にせねばならぬ」、「大勢もない人の子を連れて行って、幾年も幾年も無駄奉公させられてたまったものでない」、「どうして戦争をするのでしょうか」(司法省「支那事変に於ける出征(戦傷死)者遺家族の動向に関する調査」一九三九年)等々、改作版「水兵の母」とその兵士たちは、じつは一人二人にとどまらず、さまざまのかたちで、前線に、そして「銃後」に息づいていたのである。軍国日本のこのもうひとつの現実は、十五年戦争が深まるにつれて拡大こそすれ、縮小することはなかった。当時、官憲側は、国民のこれらの日常的な実感の吐露を「流言蜚語」とよんで厳重取締りの対象としたが、三八年一六〇件だったそれは、四〇年には二二四件、四二年四月から四三年三月には三〇八件、四四年四月から敗戦の年四五年三月には六〇七件となっている(警保局調べ)。

改作版「水兵の母」は、このような民衆意識のひろがりを基盤にしえたときはじめて、国民的教材として誕生してくる性格のものだったといえる。ところが、いわゆる「流言蜚語」は、組織的な社会運動の官憲による弾圧と壊滅のあとを追うようにひろがっている。「流言蜚語」に託されることになる民衆の反軍・反戦意識は、かつては「自由教育」や「プロレタリア教育」といったかたちまで生みだした社会運動によって代行されていたということだろうか。

民衆意識の動態

ここで、両者が、考えられうるとおりに結びついていれば、「自由教育」の正当性も「プロレタリア教育の教材」の真実さも民衆意識のなかで確認されることになっただろう。そうすれば、これら新教材の供給センターが官憲の手で破壊されても、民衆意識は、その第二、第三のかたちを自らの手でつくりあげただろう。三三年ごろがピークになっている新学校の変質と「プロレタリア教育」運動の組織的な形態の壊滅以後、類似の試みが全くなかったわけではない。しかし、「プロレタリア教育」に関していえば、それは散発的でまことに微々たるものだった。民衆意識のひとつのかたちである「流言蜚語」文化は、「プロレタリア教育の教材」をみずからの初等普通教育制度の次元での代言人として認証したとはいえないのである。それどころか、この民衆意識は、他方にあっては、多少とも反官的・反「国体」的な言動に出会えば、これを「アカ」攻撃し、その担い手たちを「非国民」あつかいしてうたがうことのなかった当のものでもあったのである。

民衆意識とその日常行動のさなかにあって、「流言蜚語」文化と「プロレタリア教育」が作成した軍事教材の、論理的には結びつきうるかにみえる関係をひき裂き、さらにすすんで対立させていたもうひとつのかれらの生活信条の正体はなんだったのだろうか。国定教材をめぐる民衆意識のこのヤヌス的性格こそ、近代日本の初等教材史のなぞを秘める部分である。そして、これと同じことが、つぎにのべる他の改作版についてもいえるのである。

「一太郎やあい」の改作

「一太郎やあい」のモデル岡田かめ・梶太郎については、新興教育研究所の加盟母体であるコップ発行の雑誌『大衆の友』一九三二年八月号に発表されたプロレタリア文学作家藤森成吉の「石山太助」(実話小説)と題する一文がある。

なぜ此の簡単な実録が、全く忘れられていた十年のあと、突然又掘り出され、騒がれ出したか？　然も、当然の勲功赫々たるあらゆる海軍や指揮官の名前を圧して？――日本の支配階級は、新しい国家総動員の必要を感じたのだ。此の古い「母」と「息子」は、そのための先頭に動員されたのだ。(中略)日露戦争や世界大戦で日本のブルジョアジーが莫大な財産を蓄積したにも係わらず、母子は決して金持ちにも地主にもなれなかった。(中略)彼等の県は、大地主が多く、それに応じて、数年前まで強固な農民組合と闘争で有名な土地だった。県警察は、その傾向を恐れて、組合を叩き潰すためにあらゆる手段を取った。

（中略）組合が出来て暫く後、太助も一時入ったが弾圧が始まると同時に、警官達に説得されて「昔の名誉」を汚さないため脱退した。（中略）支配階級はそれに就いて、太助をこっちに奪い返す急務が感ぜられた。で、県知事や警察部長や教育団体等が発企して、「わが県の名誉」のために銅像建設計画を発表した。他方、日本全国へ向って、太助一家の生活補助のための寄附金募集を――特に小学生へ向って初めた。（中略）銃を挙げている兵士を呼んでいる母親を並べた小さな銅像の除幕式が、知事や軍人や地主達の参列の中にも華々しく挙行されて一月ばかりの後、太助一家は遠く津軽海峡を渡る汽船の三等室の中にうずくまっていた。実物がいてはとかくうるさいので、濡れ手で粟をつかむような宣伝に乗っけて、県当局者は彼らの一家を「未開拓の」北海道に追っ払ったのだった。が、北海道でもいい事のある筈がなかった。（後略）

岡田一家が生活苦のために北海道移住を決心し道庁に申請したという伝聞は、新興教育研究所出版部発行の『ピオニール・トクホン』第二輯（一九三二年三月）所載の教材「満洲戦争の話 三月十日とは？」（平川一太郎作）にも採用されている。「日露戦争で命をまともに戦った労働者農民の暮しは楽になったか。「一太郎やあい」で有名な岡田一（ママ）太郎は、一昨年食うに困って北海道へ出稼ぎにいくことを思立ったではないか」のくだりがそれである。事実はこの伝聞どおりだったといわれる(中村、前出書)。国定教材に登場する岡田かめは、「うちのことはしんぱいするな」と叫び、息子の梶太郎は、「わかった」しるしに小さくなってゆく船から銃を高くあげたことになっている。その「うちのこと」が、一人息子の出征のためにじつはひどいことになり、そのうえ帰国した名誉ある兵士であるはずの本人がおちぶれた廃人同様の生活、そこで云々という実際にあった通りを、この教材は「コップ」の立場から文章化したものである。前記「水兵の母」のばあいと同じで、この新教材づくりを日常生活の次元で支えるような国民意識の動態は、さまざまのかたちで軍国日本の底流をかたちづくっていた。

「うちのこと」の実際

そのいくつかをあげておくと、たとえば、三八(昭和一三)年一〇月山形県のある応召軍人妻(三三歳)は、連隊本部へつぎのような投書をして説諭処分をうけた。

兵たいさん、父さんおかいしてくださいおネがいです。母さん病きでねてイマス。私はまいにつ(ち)ないで(て)イマス。ごはんないのではつやにいもおもうった。父つやんおカイシで(て)ください。兵たいさんメク(グ)ンでクださい。母つやんぜに(銭)かないてイます。

三九年九月、満州国東安省の部隊の一兵士から札幌市の女学生にあてられた手紙はいう。

「日清、日露戦役当時の国民の熱狂はずいぶん聴かされたものですが、其の後に自分の見たものは足や手の無い不自由な薬売りの姿だけでした。」

出征兵士たちの「うちのこと」は、岡田母子に負けず劣らずで、悲惨なばあいが多々みられた。『思想月報』その他からいくつかの実例をあげておこう。その一、大阪市港区一伍長(戦死)の遺族養祖父(九一歳)ほか七名、収入全く絶え、わずかに妹の女工としての月収一五円余に軍事扶助三〇円で糊口をしのぐ。その二、同浪速区の一等兵(戦死)の遺族内縁の妻と庶子、女給で生活していたが戦死後は子どもも実母に奪われ、家を放逐された。その三、同東成区上等兵(戦死)の遺族妻(三四歳)一人であったが、子がないので戦死者の父母が妻を離籍させ別に養子を求めようと画策。その四、同東淀川区上等兵(戦傷)の妻(二四歳)、家業のゴルフボール製造業を継続経営できなかったので店を戦傷者の父らに奪われ、家を追われて女給となる、等々。また、こういう性質のものもある。その一、某女、三七年七月、炭坑労働者の夫が出征すると翌年八月ごろから夫の「同僚たるKと情交関係を結びいたること発覚し、云々」。その二、某女、一男二女があったが、夫の出征後「予ねて同家に出入しいたりしIと情交関係を結ぶに至り」子どもを残して所在不明となる。その三、某女、夫「出征中なるを奇貨とし、福岡県書記Sと情交関係を結びいたるが、雇人Kより之を窺知せられ右事実を公表し、夫にも通知すべき旨申向けらるるや、畏怖の余り金百円を同人に提供し、一方右KはさらにSを同様恐喝せんとしたるが云々」。その四、某女、「夫の不在を奇貨とし、昭和十三年四月以来長男(一二歳)の家庭教師として同家に出入しいたりし鞍手郡宮田町尋常高等小学校訓導Fと情交関係を結ぶに至り云々」。まことに、「うちのことはしんぱいするな」である。

このような出征遺家族の生活の状態を背景に、教材「石山太助」のものと同じ論法が、現実に日本の労働者の口をついて出る事態がおこっている。三七年一〇月八日、大阪府豊中市のバス運転手は、同僚相手に「出征している労働者は多数出ているが、支那と戦争をして勝っても我々労働者には何の利益もない。儲ける者は資本家の懐だけだ」と話した。同じ年の一二月、福島県高田駅の待合室で若松市の三一歳の工員は「今度の戦争だって俺たちは更に儲かりはしない。二、三人の人たちが儲けるのみだ」と発言して送検された。広島県では、「名誉の戦死というから諦めては居るが、世間でも云う通り結局死んだ者が馬鹿を見るわけである」と語るものがあった。「ファッショに支配されている言論機関に偽まんされている可哀相な国民よ冷静に考えよ。戦争をやめろ。我々の兄弟は不具になり、資本家は肥るだけだ!!」というのは、三七年一二月一七日、京都市中京区新京極京都劇場内便所の内壁にあった落書である。

国定軍事教材「三勇士」に対応するものとしては、新興教育研究所が編輯・発行した各地労農少年団むけの教科書のひとつ『ピオニールの友』第三輯(謄写版刷、一九三二年五月)に載せられた改作教材「肉弾三勇士の話」(田宮日出夫署名)がある。それはつぎのようなものであった。

肉弾三勇士の話

無惨な戦死

十九路軍の機関銃は次第に勢をましてパラパラと猛射されます。決死隊は見る見る二人たおれ、五人たおれ、十人たおれ、だんだん人数がへりました。(中略)この時前島少尉は生き残ってヘトヘトになっている工兵達にどなりました。

「進め! 進め! 死ぬんだ。死ぬんだ。」

併し九名の工兵達は寒さと空腹と疲れで綿のようになっています。前島少尉は後で軍刀をふりまわして

「破壊筒を鉄条網に投げ込めッー」

と自分は何もしない癖に工兵たちばかりをどなりつけました。(中略)三工兵は砲弾の下をくぐって鉄条網の傍まで行って、破壊筒を鉄条網に投げる事が出来たけれどもあまりの疲れと寒さと空腹で身体の自由を失いそのまま破壊筒の爆破と共にコナミジンになってかあいそうに戦死してしまいま

した。(中略)
　肉弾三勇士とは？
　北川、作江、江下の三工兵についてはミクニの為バクダンを身体一パイ巻きつけて鉄条網の中へ飛び込んだ勇敢な三勇士だなんてデカデカと書きたてました。(中略)それは戦争がブルジョアの為のもので決してプロレタリア農民の為のものでないことを国民が知り初めたからです。
　東京や東北地方、新潟あたりでは一家の働き手の若者を召集されて、首をくくって死んだもの、気狂いになったもの、鉄道自殺をしたものが大分ありました。又戦死したと聞いてその日から病床についた妻や、その日から食うに困って乞食にならなければならぬ者もありました。それでプロレタリア、農民達はブルジョア戦争反対の闘争をあちらこちらで始めました。そのためにブルジョア共はあわてだし「肉弾三勇士」を急ごしらえして宣伝しているのです。僕たちピオニールはブルジョアのドロボウ戦争に力を合せて反対しなければなりません。

　この三勇士の事件については、教材「一太郎やあい」の改作版が発表された『大衆の友』三二年九月号にも、同じ藤森成吉(誌上筆名、久米三吉)の手になる帰還兵士のうちあけ話のかたちをとった「爆弾三勇士の真相」と題する一文が発表された。それは、三勇士は功をあせった内田班長の犠牲者であるとの立場からのものであった。内田はぎりぎり生還できるだけの短かい導火線を三勇士のものにつけさせた。ところが三勇士の一人が途中で倒れ時間をとったので間にあわなくなり、断念してそのまま帰ろうとした。すると「内田伍長は「なんだ！ 行け！」と大声でどなりつけたので三人は又引きかえして破壊筒をかかえて進んで鉄条網に着いたか着かぬに爆発したのだそうです。全く三人は内田伍長に殺されたようなものです」というのである。藤森は、当時巷間に流れた技術的失敗説の立場を採用しているのだが、これを、純粋に技術の問題にせず人間関係をからませている点にこの改作版の特徴がある。

前二者同様、この改作教材が国民意識に根づくとすれば、その土台になりうるものとしてどのようなもうひとつの軍国日本の側面があったかを、官憲側いうところの「流言蜚語」のなかからひろってみよう。

「芽出たきことなし」

三八年一〇月、福岡のある理髪業者は、つぎのようなことを数名のものに語ったというので処分をうけた。「皇軍兵士が戦死する場合無意識の間に天皇陛下万歳を叫んで死ぬ様に新聞紙に報道されているが、それは嘘だ。ほとんど大部分の者は両親兄弟妻子恋人等親しい者の名前を叫ぶということだ。」また、その前年の七月、岡山県下小田郡の今井村というところで、ひとりの売薬行商人が農民相手につぎのような話をしたとの記録もある。「戦争の時の決死隊は志願の様に言っているが、願出るものは一人も無く、皆命令だ。爆弾三勇士も命令で死んだのだ。」三七年、中国戦線で八路軍が収得した日本兵の同年九月はじめの日記には、戦死した友をいたんでつぎのような文が綴られていた。「ああ、勇敢なる友よ、君は永眠してしまった。これがいかに名誉ある死であろうと、やはり、君の遺骸は小さな白木の箱の中の白骨となってしまう。」(J・バートラム『華北前線』、現代史の会編『季刊現代史』夏季六号資料構成本による。一九七五年)

またつぎのようにのべる親もあったと、司法省の前出調査資料『支那事変に於ける出征(戦傷死)者遺家族の動向に関する調査』は記している。「戦死に際し「戦死して芽出度し」と祝辞を述べたる村民あり、親として芽出たきことなし。」

中学生の厭戦歌

いつごろからか「かわいいスーチャン」と題する作者不詳の歌が全国あちらこちらで歌われはじめ、第二次大戦後は観光バスのバス・ガイド嬢のポケット・ブックにおさめられるようになった。

お国の為とは　云いながら／人の嫌がる　軍隊に
志願で出てくる　馬鹿もいる／可愛スーチャンと泣き別れ

日中戦争から西欧列強相手の世界大戦へと入っていった軍国日本は、最後には、「知育偏重」批判論と「行の教育」の名の下に、中学生・女学生や小学生までをも戦争の渦中にひきこんだ。

工場や農村への勤労動員と学童疎開がそれである。すると、中学生や小学生のあいだにまで反軍・厭戦の気分がひろがりはじめた。大戦末期、近くの造船工場に動員されていた高知県の県立城東中学三、四年生のあいだでは、誰がつくったのかもはっきりしないつぎのような歌がうたわれはじめた。そして、たまの休みに高知市内の学校に帰ってくるかれらによって、在校中の一、二年生のあいだにまで、あっという間にひろめられてしまった。

寒風ついて浦戸湾／進むはどこぞ土佐キテイ(注・動員工場名)

悪夢のごとき土佐キテイ／われらは奴隷と早がわり(以下略)

私はある機会に、当時この歌を上級生から教えられた側にいた者から聞かされたことがある。その時点から数十年を経てもはや年老い、唱歌教材のあらかたはすでに忘れ去っていた当時の中学生たちは、この自作の稚拙な歌を、それでもわが青春の精神史の切りとることのできない一ページであるかのように、記憶をたどりたどり心をこめて歌いつづけるのだった。

しかし一方でこの少年たちが、高知高等学校、つまり同時代の同地方の高等学校(旧制)の生徒のあいだにもあらわれて、日刊紙が「赤魔の謀略」と断じた槙村浩らプロレタリア文化運動関係者の志向を、自からのこの生活実感とつなぎあわせて「主義者」像をつくりかえることがあったかというと、そんなことはない。かれらは、あいかわらず「皇国少年」でありつづけえていたのである。

前述のように、同じ無産大衆運動のなかからうまれてきた改作教材であっても、公立小学校の教師の手になるばあいには、信仰や政治的信条を異にするものを一つの場所に集めているという日本の学校現場の特質に制約されて、発想のちがった教材にならざるをえなかった。つぎに、その事例をあげておこう。

教師の改作教材

最初にあげるのは、「教労」長野支部が自主作成した、国定修身教材の批判的取扱いの指導書である『修身科無産者教授教程』（一九三二年一二月、謄写版刷）である。この指導書は、三二年二月の県下各地区代表者会議での決定にもとづき、下伊那地区が原案をつくり、上伊那地区が修正して仕上げたものといわれている。

尋一から高二まで、国定修身書全体にわたる新教材論中、軍事教材に関連のある部分は、たとえばつぎのとおりである。

○チュウギ（第三期本、一の十七――引用者注、以下同）

忠義愛国心云々が、つねに労働者農民の犠牲において、地主、ブルジョアを擁ゴする以外何ものでない《（マヽ）》ことを具体的にバクロシ　帝国主義戦争をあばき　反戦を闘う、（中略）真の勇者　英雄とは　インターナショナルの精神の高揚キグチの死んだ後の老母の悲嘆　其の後の悲惨な生活、そこより戦争のたれのためになされたものか　戦争は誰の利益のためになされるか　誰が損を見るかを身を以て知り　近所の人たちに反戦を説きその先頭になって闘う。

○靖国神社(四の三)

(前略)日清日露其の他の戦争で死んだ人は何万人もあるが　それ等の人々は殆んど皆貧乏人で困っている労働者農民の若者連ばかりである。(中略)一家の働き手をうばわれた殺された家にとって僅かばかりの金やくん章「名誉」が何になるか(一太郎後日語《ママ》)。(後略)

○清廉(六の十五)

大官ブルジョアの中に醜ワイな行為をするもののあること(中略)貧しい者の為す罪悪の増加/それは誰の罪か……資本主義制度行詰りのあらわれ

乃木大将の清廉/比較的行い易い立場(後略)

子どもの受けとめ方

「教労」長野支部では、早くから「ブルジョア児童教化の体系に対してプロレタリア児童教化の体系を立てること」(B分会「教科研究について」『教労対策部ニュース』第九号、一九三二年一一月一〇日)、国定「教科書の非現実性を表面化する……(ことによる)ブルジョワ教科書の系統的バクロ(逆用書)とプロレタリア教科書の編纂」(青柳生「教材批判について」『教労長野支部書記局ニュース』第六号、三二年九月一〇日)の必要が提起されていた。右に関連部分を引用した『教程』は、こうした意向をうけて各教材の利用、逆用などの立場からの指導方針を支部の教師たちに示したものである。プロレタリア教育の立場からの新軍事教材そのものではないから、以上の国定軍事教材が実際にどのように改作されたかは推測のほかはないが、その考え方は、新興教育研究所編輯のピオニール関係教科書やコップの大衆誌に示されていたところと一致する。長野県のばあい、公立小学校は労農少年団や農民学校とちがって、諸階級の混在するところでの普通教育の場であるというその特質の認識が弱いのが、特徴である。なお、三三年この組織を弾圧した官憲側は、子どもの意識調査までして「プロレタリア教育の影響」がどの分野にどの程度あらわれたかを調べているが、全体として、「階級意識」や「国体ニ関スルモノ」よりも「反戦意識」に「影響」が大きいとの結論に到達している点は、当時の地方社会の子どもの生活中に占める戦争の比重からいって興味深い。プロレタリア教育の水準を反映してその「意識」の質には弱点があり、また、この種の調査ではたして教育の効果を正確にとらえることができるかという問題もある。しかし、「反戦意識」に関する調査項目への回答がもっとも多かったのは確かなことなのである。例をあげておこう。

「戦争――(イ)戦争をやらない方がよい。(ロ)戦争しても国民の為には少しもならない。(ハ)政府がもうける。はたらきざかりの人が皆戦地へいって死ぬ。」

「三井とかいぅ財産家が兵隊をだして、あのまんもうの土地にいきいく人かの兵隊の命を失いさせて、おやたちが、うちのむすこがなくなったといってかなしがっている。」

「えいたいさんわ気のどくだ、い(へ)いたいにいって、せんしたのわかわいせ、ほんとにきのどくだ。」

これらの文章(原文のまま)は、弾圧後に、県学務課が学校当局を通して子どもに書かせ、もち帰ったものである。「今日学校で何だか六ヶしい作文を出したが書けなくて困った」と、ある子どもが事後の感想をのべている状況のもとでの作品である(『信濃毎日』一九三三年二月一六日)。しかし「教労」長野支部のニュースなどに同じテーマの子どもの作品がのっているが、それはつぎのようなもので、学務課が課題として書かせた「六ヶしい作文」とあまりかわらない。

僕は資本家のための戦争にゆくのはいやである。国のため(農民や労働者のための)戦争には僕はまっさき立ってゆく。農民や労働者のための戦争は資本家をたいじするためである。支那でやっている戦争はみな資本家のためである。(後略)(尋六　小林時雄「支那戦争」『教労長野支部書キ局ニュース』第六号、一九三二年九月一〇日)

この子どもの言辞で興味深いのは、前章の3の(3)で問題にした「忠君」と「愛国」が連接して直ちに「忠君愛国」にとは必ずしもならなくなる事態が、ここでは、教師の指導があったとはいえ、子どもの口をついて出てくるところまで進行している事実である。

もうひとつの事例　プロレタリア教育の教材には、同じく教師の改作教材でも、長野県のばあいとはすこし性格のちがうものもあった。「教労」神奈川支部所属の平塚第三小学校訓導脇田英彦のばあいがそれである。脇田は各教科各巻にわたる膨大な国定教材批判の記録「教育内容の諸矛盾について」を残している。

この記録は、長野支部の『教程』のばあいとちがい、官憲に拘束されたかれが、三三年はじめごろにひとりの教師として、監視下にあってまとめたものである。これには「合法」形態としてのばあいという条件がついている。この条件とは、普通教育の場としての公立学校の特質を考慮したものという意味だろう。脇田がここで、「合法」的なプロレタリア教育の立場とする原則は、修身科は国民道徳を教える教科であり、国語は国語学と文学を、算術は数学を、国史は歴史学を教える教科であるとの指導目標論上の論法である。この論法は、新興教育研究所の機関誌『新興教育』に投稿され、掲載された、プロレタリア(児童)文化運動系の教材を批判するひとりの現場教師の意見とほぼ一致する。この投稿文は「子供(未組織地区の)に対しては

「科学的に物を見る眼を与える」程度が適当」であると主張している。国定修身書中の軍事教材について、脇田がどうのべているかをみてみよう。

○チュウギ（第三期修身一の十七――引用者注、以下同）

（前略）児童達は学校に上る以前に大抵此のキグチコヘイの話を知っている。もっと驚くべき事はチュウギと言う言葉を、この抽象観念を知って居ることである。之は全く恐るべきことである。（後略）

○チュウギ（同二の十六）

（前略）若しこの課にして取るところありとせば人間広瀬武夫でなければならぬ。人間死するが尊いのではあるまい。泰然として死の境地に臨み動ぜざるに至るまでの修養が尊いのだ。その修養をソッチノケにして頭から戦争を讃美するのは軍国主義に外ならない。嘗ての人々は封建君主に対する忠義しか知らなかった。明治維新以後人々はようやく国家的忠義、即ち主権者天皇に対する忠義を知りそめた。今や、世界の隅々には階級に対する忠義しか知らない人々が生れつつある。このことが本課への最大の矛盾であろう。

つぎに国定国語読本中の軍事教材に対するかれの意見をみてみよう。

○水師営の会見（第三期国語九の十）

水師営の会見における乃木(中央左から２人目)とステッセル(その右隣り)

乃木将軍と露将ステッセルとの歴史的会見。韻文。但し私は乃木将軍をすこぶる尊敬している。高潔とは大将の如き人物を言うものであろう。

○水兵の母(同九の二十四)

愛国精神宣伝教材。

脇田英彦のこれらのコメントもまた、日本軍事史上のあれこれの史実の、図書監修官のばあいとはちがった観点からの教材づくりへの転用のひとつの形態であった、といえる。それにしても、乃木の強さがここでも貫徹しているのには驚かされる。

2　「排日」教材の出現

(1)　台頭する抗日運動

国定軍事教材、ひろくは、「皇軍」をもって倫理的価値の体現者とする日本の国家の立場は、一九一〇―三〇年代の「内地」での運動に加えて、さらに同時代の抗日・植民地解放運動の側からも攻撃にさらされた。そして、両者の相剋のなかから、もうひとつ別のタイプの軍事教材として「抗日」(当時の日本の用語では「排日」)軍事教材がうまれてくることになる。

「排日」教材の基盤

植民地獲得とその支配の形態は、おくれて帝国主義国家群に仲間入りしようとした日本のばあい、とりわけ顕著に、軍事侵略と軍事支配、いわゆる「武断政治」のかたちをとった。しかし、この軍事支配は、その体質を保存したまま、やがて教化と教育を通しての植民地人心の支配に移行してゆく。一九一九(大正八)年の三・一運動を境目にした朝鮮における総督府の武断政治から文治支配への転換はその一例である。こうして、朝鮮、台湾、中国などにおける抗日・植民(占領)地解放運動が、抗日軍事教材づくりをともなって現われるという両者の切り離せない関係が成立する条件が生まれた。いわゆる「排日」教材のなんであるかを理解しやすくするために、まずこの時代の国外の抗日運動と国内の植民地解放運動それぞれのおおよそにふれておくことにしよう。

抗日学生グループの結集

清朝中国が、米・英・仏への留学生派遣ののち、最初の官費日本留学生一三名を送ったのは、日清戦争後の一八九六(明治二九)年のことであった。以後、日露戦前後のころにかけて、在日中国人留学生は漸増する。中国人学生だけではない。アジア社会における近代化のモデルを日本にみて、他のアジア諸国からの留学生が集中してくるのが、この時期である。

日本は、一時期、アジアの教育センターの観を呈した。国定教材づくりの組織の原案作成者のひとりだった沢柳政太郎が、「軍国主義」をしりぞけ「平和の理想に立脚して一種の東洋主義といわんか、それとも文化的汎亜細亜主義とでもいわんか、斯《か》かる主義」に立って、アジアの文化的リーダーにふさわしい国内教育に改革すべき時期の到来していることを訴えたのは、このすこしあとのことである。在日中国人留学生グループは、やがて孫文のひきいる本国での近代革命の人材基地のひとつに転じていった。そしてそれにとどまらず、官界を去った沢柳が私

「廿一箇条と五・三〇事件」(『新時代歴史教科書』高級第2冊第17課)さしえ

立成城小学校の開校を目前にひかえてこうした提唱をするころには、皮肉にもその延長線上に抗日運動の前衛集団を生みだすものになっていった。

一九一五年一月一八日、日本政府は武力を背景に、辛亥革命後の袁世凱政府に対して、旅順・大連の租借期限延長等を含む二十一ヵ条の要求をつきつけた。袁政府がこれをのんだとの情報が伝わると、在日留学生のあいだでは当時早大に籍をおいていた李大釗らによって留日学生総会が組織され、翌月には東京で二十一ヵ条抗議集会が開かれた。学生たちは「国恥記念録」というパンフレットをつくって、この国恥を祖国の「全国父老に告」げようと訴えた。他方、中国本国では、まず四川の学生たちが「宣誓会」を組織した。一、終生五月七日(日本の最後通牒の日)の恥を忘れず、二、

「五月四日学生運動」(教科書名未詳)さしえ

機械化学薬品以外、終生日本品を用いず、との誓いをたてて血書する会である。この抗日の形式は、やがて学生以外の他階層をも吸収しながら全国に波及する。一八年四月、長沙で同じ形式の学生団体である新民会が結成された。この抗日学生グループの組織者が、三七年の抗日民族統一戦線の推進者として登場してくる毛沢東である。これら二十一カ条要求を契機とする学生たちの抗日運動は、一九年の五・四運動でひとつの山場を迎えることになる。この一九年という年は、京城市パコダ公園内ではじまる朝鮮の三・一運動(「万歳事件」)発生の年でもあり、植民地朝鮮における日本の武断政治の終りをつげる年ともなった。

日中学生の連帯

同時代の米・中・日三国ふくめての「新学校」運動の象徴的人物だったJ・デュ

ーイが「教育改造」と「あらゆる種類のユートピア」への要求と挑戦とよんで深い理解を示した五・四運動。その歴史的意味は、日本の政府やその周辺部の世論によっては、全く理解されなかった。政府筋は、「プロレタリア教育」はもちろん、日本の「新学校」である前出の沢柳や羽仁の「自由教育」学校にも好意的でなかったし、三・一運動や五・四運動に対しては、これを、アメリカや「赤色」勢力におどらされている一部のものの「排日」運動としか考えなかった。もっとも、民間に出れば、そうとばかりではない。そのひとつが、「北京学生団の行動」擁護の論陣をはった、この期の社会運動のリーダーだった吉野作造らのばあいである。吉野らを指導者とする同時期の日本の学生団体のひとつ黎明会は、李大釗を介して中国学生連合会と連絡をとった。五・四運動の直後、この中国学生連合会が黎明会宛に送った書簡は、軍事的帝国主義に抗して同時代を生きた両国知識人・学生の連帯の記念碑的文章といえる。書簡文はその末尾部分をこう結んでいる。

貴会諸君みな社会の先覚者なり。願わくは直ちに奮起して木鐸を大振し、貴国人民の決断を促し、以て二十世紀の不祥の産物すなわち軍国主義・武断主義等を根本的に剷除《さんじょ》(除き去る意)せよ。然らば弊国の人民駘駑といえども、喜んでその後塵を追うべし。(斎藤秋男訳)

「党化教育」の性格

一九二三年、孫文の国民党と前々年結成の中国共産党の反封建・反軍閥の統一戦線の結成が成り、広州に軍政府がつくられた。これがのちの国民政府であり、そのもとでおこなわれた教育改革を「党化教育」とよぶ。統一戦線の教育要求を理論化したものといわれるこの教育案は、日本軍事教材史上みのがせない存在である。そのなかには、五・四運動の伝統をつぐ国恥・抗日教育の立場が強くつらぬかれていて、二七年の四・一二クーデター（蔣クーデター）による国民革命軍の分裂後も、この立場が、両派によってそれぞれにうけつがれていったからである。この国恥・抗日教育の立場からつくられてくる教材の実例についてはあとでのべる。ここでは、「党化教育」のあらましと分裂後の抗日運動の動向についてのべておくことにしよう。

「党化教育」とは「国民党化」「共産党化」の教育ではなく、三民主義を統一原理とした抗日勢力のもつ「党派性」の教育であり、その一部として反帝軍事教育を含むものだった。

北伐国民革命軍が広東一省からすすんで湖北、浙江、江蘇と制圧していくと、それぞれの地方で地域の特殊性を考慮した「党化」教育令が公布された。そのひとつ、二六年一一月湖北暫定教育綱領は、小学校で、帝国主義と軍閥官僚が中国人民を圧迫し搾取した具体的事実をとくに児童に教えよ、と訴えている。

抗日教授用掛図

抗日教育の進展

四・一二クーデター後、国民党(南京)政府側は、反共の立場は堅持しながらも抗日教育については従来からの伝統をうけつぎ、小・中学校の各科教科書に「国恥」、「抗日」教材をいろいろのかたちで加えた。また、二八年から三一年にかけての教育課程改訂で、小学校に新しく「党義」という教科を設け、ここでも抗日教育をおこなった。後述するように、その多くは日本の中国本土侵略に対する批判を指導目標にしているものであるが、なかには、「朝鮮亡国の故事」(初級小学『国語』第七冊)、「台湾の革命運動」(高級小学『国語』第二冊)など、日本からの植民地解放運動をあつかったものもある。「朝鮮亡国の故事」には、つぎのようにある。「朝鮮人は機に乗じて復国を運動し、屢講和会議に請願し、又幾回となく日本と衝突して犠牲となったものも少なくないけれども今日に至るまで未だ成功しない。」

一九三一年九月満州事変が勃発し、翌年一月には、日本軍事史にいう上海事変がおこった。国定教材「三勇士」のモデルを出した軍事衝突である。ところが、このころから、国民党政府はそのいう「内匪」との戦闘に主力を注ぎ、抗日、つまり「外匪」との闘争の路線を後退させていく。「三勇士」の参加する久留米第十二師団で編成された混成第二十四旅団以下の上海派遣陸軍部隊と対峙した中国軍は、第十九路軍であった。ところがその軍長蔡廷鍇は、政府首脳から無抵抗撤退を命ぜられ、かれのひきいていた部隊は満身傷だらけのままで落ちのびた先で、今度は総統蔣介石の派遣した討伐軍から攻撃をうけて壊滅するという奇妙な歴史をたどる。こうして、このころから、中国における抗日運動は、三一年一一月に中華ソヴェトを成立させた中国共産党と紅軍、それに中国共産党の抗日統一戦線の結成に呼応する南京政府支配地域の民間人や民間団体によってすすめられていくことになった。

三五年八月一日、中国共産党と紅軍が根拠地移動の途上宣言(八・一宣言)を発して統一政府と抗日連合軍の結成を提唱すると、その趣旨は、南京政府下の民衆や知識人の愛国精神にひろくアッピールするものがあり、以後、いろいろのかたちで「日本帝国主義打倒」の動きが南京その他で再びおこった。同年一二月には上海の知識人や民族資本家が上海文化界救国会会員大会をひらき、翌年には全国各界救国連合会が成立した。

陶行知のばあい

J・デューイは一九一九年から二か年間在華したが、その弟子のひとり陶行知は、国民政府に追われて一時来日したことがある。このとき関係のできた人物を介して、以後、一九三〇年代の日本の新学校のひとつである池袋児童の村小学校とかれとの交流がはじまる。その陶も、三六年の抗日運動には国難教育社をおこしてこれに積極的に参加した。シンガポール華僑集会にのぞんで、かれは「中国の敵は誰か？　中国の敵は日本帝国主義である。中国の敵は日本人民ではなく、日本帝国主義であり、日本の軍閥である」とのべている。

陶の教えた教師のひとりは、三五年、子どもたちによる抗日の意義宣伝の旅行を計画した。新安児童旅行団とよばれたこの子どものグループの足跡は、三か年間、全十六省におよんだ。かれらは蒙古を通るとき、蒙古の牧歌を抗日の歌に編みなおして歌ったが、それはつぎのようなものだった、という(斎藤秋男『中国現代教育史』一九七三年)。

仲間たち　諸君の家畜は　みんな達者かね？　日本の鬼めはもう　伊盟まで攻めてきた

（中略）抵抗すればきっと勝つのだ　仲間よ　君の駿馬にうちまたがって急ごう　抗日の戦場へ

デューイのメッセージ

長征途上の中国共産党と南京政府治下の民衆の間におこったこれら抗日統一戦線結成への要求がようやくみのって国共合作（第二次）が成立するのは、一九三七年九月二三日、日中戦争勃発二か月後のことであった。日本皇軍史にとっては、破滅への決定的な一歩をふみだした年ということになる。国共合作の情報をいち早くキャッチした日本の軍令部は「是れ支那現代の政治史上画期的重大問題なりと謂わざる可からず」と評している。（軍令部「〈支那特報第十四号〉支那共産党と国民党との妥協」）

日中戦争は、やがて日本を日米戦へ、第二次世界大戦へとひきこんでいった。日米戦がはじまってまもなく、J・デューイは、かつてしたしく接した中国民衆によせた書簡「中国人民へのメッセージ」を発表し、「合衆国は世界戦争を戦いぬくだろう。合衆国と中国は、日本との戦いを勝ちぬくだろう」とのべた。そしてまた、その未来に言及してこうものべた。

「日本は、西欧諸国家から、技術や機械や産業、そして戦争をとり入れたのだが、同じようにして、文学や芸術や宗教におけるもっともよきものを中国からとりいれたのだった。きたるべき勝利は、人間精神《ヒューマン・スピリット》を発達させるすべてのものにおける中国の古くからの妥当な指導性を回復させるだろう。」

朝鮮総督府――植民地支配の拠点

朝鮮の状態

ここで、三・一運動以後の朝鮮の状態にふれておこう。まえに書いたように、三・一運動までの総督府の朝鮮支配の中核は軍部であった。朝鮮総督は武官であって天皇に直属し、陸海軍を統率した。将官である憲兵司令官が文官としての警務総長、佐官である憲兵隊長が各道警務部長、憲兵将校が一面警視、憲兵下士が一面警部という特異な憲兵警察制度が総督の権力を担い、小学校の教員までが佩剣して武威を誇示するという形態であった。三・一運動は、この軍事的植民地支配機構に対する朝鮮民衆の蜂起であり、軍事力によって収拾された民族独立運動であった。軍による鎮定後まもなく総督府側が入手したいわゆる「不穏印刷物」のひとつ、『独立新聞 国恥記念号』にいう。

嗟我同胞ヨ吾人ハ生命ヲ保有ス故ニ是日ヲ忘ルルコトナク基業ヲ起シ益子孫ノ繁栄ヲ図リ以テ断々乎トシテ我

民族ノ生命トスル国家ノ恢復ヲ期セザルベカラズ。

朝鮮人学生グループの動き

三・一運動の勃発とその結末を聞いて、在日朝鮮人学生グループも動きはじめた。他方、中国の五・四運動に対して連帯のメッセージをよせた日本の学生団体黎明会は、この三・一運動をもとりあげることに決定し、一九一九年六月二四日、青年会館に朝鮮問題討論会を開いた。ここで講師吉野作造は、つぎのような意味のことをのべたといわれる（吉野「朝鮮問題について」）。すなわち、速記録によれば、吉野は「私は朝鮮の武人政治の撤廃を叫ぶ」とのべ、また「長年の伝統を忘れさせて強いて日本人にする、之は無理である」として「同化政策を捨てた所に真の目的が表れる。言論の自由を鮮人に与えよ。先言論の自由なき朝鮮は闇黒である」と主張し、「絶えず湧く拍手」につつまれた、という。先にものべたように、この三・一運動を契機に、総督府は吉野のいう「武人政治」をやめ、文治政治にきりかえた。しかし、国家教育の基本原則としてながく守られてきた「同化」教育は、かわることはなかった。そのため、朝鮮における民族独立運動は教育批判のかたちをとってかえって深く潜行し、一九三〇年代にかけての日本内地における社会運動のなかでの植民地解放運動と呼応して発展していくことになるのである。

自然発生的なナショナリズムやキリスト教的ヒューマニズムの立場からおこなわれてきた朝鮮における独立運動は、二〇年代半ばをすぎるころからあらたに階級闘争の性格をおび、また中国等との国際連帯という性格をも加えはじめた。「論綱第三号」と題する朝鮮共産党の関係文書は、「差別教育制度撤廃、朝鮮人学校日本語使用撤廃……朝鮮歴史禁止ノ撤廃」などを闘争目標にかかげている（『現代史資料』二九、所収文書による。以下同じ）。

独立運動の新段階

また、三〇年代はじめにかけての再建運動のなかで発表された方針「根本政策樹立ニ対スル決定」も教育問題に言及し、「労力《ママ》少年運動ヲ有力ニ起スベキナリ」「学生ノ結社、集会、盟休ニ対スル権利ヲ保証スル様戦ウベキナリ。而シテ東三省ニハ現在中国人学生運動多ク起ルナリ。故ニ朝鮮人学生運動ト中国人学生運動ノ連絡ヲ図ラン様努力スベキナリ」とした。この方針書は、軍事問題に関しては「日本駐屯軍隊ト中国軍隊ニ宣伝事業ト煽動事業ヲ今少シク有力ニ為スベキナリ」とのべている。一方、在外朝鮮人の抗日闘争組織でも教育問題が活発にとりあげられた。たとえば、南満韓人青年同盟の一九二九年一一月の収拾大会は、青年の教養問題に言及して「日本帝国主義ノ殖民地教育」に抗する「革命的闘争教養」の必要をうったえ、その内容として文盲退治、科学的知識普及、学問研究の自由とならべて「軍事的訓練」をあげている。

日本内外で出された中国・朝鮮の子どもや大人むけの、またときには日本人むけの抗日・民族独立関係教材や教育論は、以上のような中国・朝鮮における反帝運動と日本での社会運動の高揚を母体にして誕生したものである。次節ではこの教育論とともに教材の実例のいくつかをあげよう。日本の国定軍事教材はここでもう一度つくりかえられることになる。

(2)「排日」教材の構造

(ア) 日本人に問う（中国の抗日教材）

抗日教材の素材は人事各分野にわたるが、ここでとりあげるのは、軍隊や戦争など軍事を素材にしているものに限られる。しかし日本の植民地支配は、これまでのべてきたように軍事的性格がつよかったから、間接的なものまで含めると、その全体が軍事関係のものになってくる。

「狡い隣の子供」

一九二三年の国民政府の成立とそのもとでの「党化教育」のなかで、三〇年代初めにかけて数多くの「国恥」教材や「抗日」教材がつくられ、また「党義」教育がおこなわれたことについてはさきにのべた。以下にそのうち典型的なものをあげておこう。

最初にあげるのは、『国恥読本』第一冊第九課にのせられた「狡い隣の子供」(狡悪的隣児)と題する教材である（原文は中国語。以下同じ）。

> 私の弟は奇麗に彩色した護謨《ゴム》毬（朝鮮を譬ぅ。編者注）を持っていつも喜んで空地に行って遊んで居た。或日東隣の子供（日本。同）が来て遊ぼぅと云ぅので一緒に其の毬で遊んでいると、其の子供は一歩進んで其の毬を二人の仲間のものにしよぅと云い出して弟が持ち帰ろぅとするのを承知しない。弟が理屈を言おうとするが早いか足で蹴って嚇した。此の子供は斯ぅして弟の毬を奪おうとした許りでなく一つの計略を考えて弟に「僕は勿論君が此の毬を家へ持帰ることを許さないが僕も要らない」と云って、その毬をば自分の家の屋根に投げ上げて了ったので弟は声も立て得ず恨を呑んで家へ帰った。幾日も経たない内に弟が隣の子供に逢うと、一つの毬を手にして居たがそれは正しく此の間彼が屋根へ投げ上げた毬であった。
>
> （テキストは東亜経済調査局編訳『支那排日教材集』一九二九年）

これは日清戦と日本の朝鮮武力併合が歴史の正義にもとるゆえんを説くことを指導目標とし、子どものけんかを素材にしている教材である。ここでは、日本の国定教材「水兵の母」や木口小平が主人公の「チュウギ」、それに「黄海の戦」「明治二十七八年戦役」「橘中佐」などに後光を与えてきた日清戦という軍史が、正義や倫理的価値の体現者どころか、全く逆の性格のものとして描き出されている。類似の教材として、「中日之戦」(『新主義常識課本』第七冊第三課)、「中法及中日戦争」(『新時代歴史教科書』第二冊第十二課)、「朝鮮問題」(『新学制歴史教科書』第二冊第十三課)、「日本東洋的勢力」(『高級地理課本』第四冊第一課)などがつくられ、使用された。

「台湾のぞく」の名誉回復

第二から第五期を通じて日本の修身教科書に連続採用された強い教材のひとつである「能久親王」の「台湾のぞく軍の御せいばつ」にかかわる戦史は、この抗日教材の側ではつぎのようにあつかわれた。

台湾の革命運動

台湾が清朝に依って日本に割譲せられた後、台湾人は亡国民となるを希わず、直に立って反抗し、台湾を改めて民主国とし、唐景崧を推して総統となし、民軍を召集して日本と戦った。後戦は敗れて唐景崧は遁走し劉永福が後任総統となった。彼等の立場は非常に困難で、所謂「前には糧食なく後には援兵なし」という有様であった。それでどうして日本に敵することが出来よう。終に日本の武力に屈して了ったけれども、彼が亜細亜に於て第一に民主国と称したのは極東史上の一光彩たるを失わぬ。日本は既に武力を以て台湾を占領したが、其の統治の方法は武力政策と愚民政策に外ならなかった。

台湾の人民は之に屈せず、継続不断の革命運動が行われたのである。台湾の革命は、屡々起って

屢々仆され、大小幾度か知れないが之を別って大体二期とすることが出来る。(後略)

(テキストは東亜経済調査局編訳『支那国定排日読本』一九二九年)

同系列の抗日教材として「割譲地」(『新時代地理教科書』高級用、第三冊第十二課)、「国恥記念歌」(『小学党化教育唱歌集』)、「祖母的談話」(『新中華国語読本』第八冊第五課)などがある。

乃木と広瀬が出てきた世界

つぎにあげる教材「遼東半島の二漁師」(遼東半島上両個漁人)は、これも日本の国定軍事教材がしばしば素材として採用してきた旅順・大連問題をあつかったものである。

遼東半島には二つの良港がある。即ち旅順と大連である。大連附近の村に二人の漁師が住んでいた。一人は六十余歳の老人で、今一人はやっと十五六の孫であった。(中略)或日其の老漁師が云うには「此頃はどうも大変暮し難くなって昔とは比べものにならん。一生懸命一籠の魚を売ったところがいくらの儲けにならん、とても暮して行けん」孫「昔はどんな風でした」老漁師「お前は若いから知るまいが三十年程前にはこの二つの良い港は我々中国のものだったから我々は自由自在に魚を取る事が出来た。(中略)ところが日清戦争で中国が大敗して旅順大連を占領されてしまい(中略)戦争がすんで露西亜が退却するとまた日本に租借されて我々の魚を取るのも一層不自由になって来たのでやむをえず、船を売り放して外の人から少しばかりの魚を買っては売ることにしているようなわけさ、考えてごらん幾ら儲かるもんかね。」

（テキストは前出『支那排日教材集』）

教材「至誠」、「水師営の会見」、「公徳」、それに「水兵の母」、「チュウギ」、「大連から」など、日本の国定軍事教材中の最強グループを形成してきた有村善太郎、乃木希典、広瀬武夫ら参加の旅順の帰趨をめぐる日清・日露戦は、ここでは侵略者、地域の民衆生活の破壊者としての側面からとらえられ、日本政府および日本軍の不義なるゆえんを証明する素材として活用される。同性格の教材に、『国恥読本』第三冊第八課にのせられた教材「可憐な老婆」（可憐的老媼）がある。「老婆は涙をぬぐい、にっこり笑っていいました。「坊ちゃん、よくいって下さいました。わたしはそうなる日を楽しんでまちます」」でおわるこの教材は、先記の「狡い隣の子供」と同じく、中国民衆や子どもの日常のひとこまにまとめられた抗日教材である。

「満州」「南方」関連教材　つぎにあげるのは、手紙文のかたちをとった「満州」関係の抗日教材（「南満州来的一封信」『三民主義千字課』第一冊第三十八課）である。

南満州から来た手紙

馬新農兄

今日は五七の記念日である、君も知る如く民国四年の今日は即ち日本が中国を強迫して二十一箇条の要求を承認せしめた日である。此の要求を貫徹してから日本は南満州を植民地とし、年々千或は萬に近い日本人が満州に来ては農工に従事している。(中略)日本は土地狭く人口多く本国では住みきれないために皆我々の方へ割込んで来て我々の行先を無からしめる。自分は恐れる将来南満州も住みきれなくなった時彼等は諸君の何れの方面に進まんとするのであるか。

十六年五月七日　　明道拝

(同前)

この教材は日本の植民地関係教材中、第五期新出教材「満州の冬」(国語四の十)にむきあっている。同系列の抗日教材として「日本兵力可以亡中国」(『三民主義千字課』第一冊第十七課)、「瀋陽、南満鉄道株式会社」(『新中華地理課本』高級用、第二冊第十六課)などが製作された。

なお、以上、中国に直接関係する抗日教材のほかに、日本の南方進出の政治的意図や歴史的性格をあばこうとする教材が、太平洋戦争の始まるまえの段階で、これら抗日中国側教材のひとつとして出されていた。

日本の南方進出は、日本の国定教材には「ジャワ風景」(第五期国語七の付一)、「セレベスのゐなか」(同七の付三)、「サラワクの印象」(同七の付四)など一連の「東亜」関係教材となってあらわれているのだが、これを抗日中国の側から教材化したものに「日本人的図南政策」(『新時代国語教科書』高級用、第四冊第六課)、「海南島在南海的地位」(『新時代地理教科書』高級用、第一冊第八課)などがあった。それは、つぎのようなものである。

> 日本人の図南政策
>
> 南洋群島の政治権は白人種の掌中にあるけれども経済権は却って華僑の掌中に収められて居る。華僑中には内地の実業家よりも富豪が多い。日本人は之を見て羨しくなり華僑の手から経済権を奪取しようと考えている。(中略)此の計画を彼等は「図南政策」と言っている。
>
> (『支那国定排日読本』)

これらの抗日教材とりわけ「満州」関係の教材は、はやく大陸にいて実状をつぶさにみていた在満の一般日本人や子どもたちまでも動揺させかねないものをもっていた。そこで、日本人学校関係者のなかからも「(中国側が)教科書中随所に露骨なる排日記事を羅列して、純真なる青少年に排日思想を煽動して居る」（大連中等学校満蒙研究会『満蒙を正視して』一九三一年）ことを、危機感をもって一般にうったえるものが出はじめたのである。

日本人に問う

これに対する中国民間人や中国に好意を寄せる日本人からの反論と反発も激しかった。そのいくつかは日本語で発表された。たとえば玉世民と称する中国杭州城外清漣寺在の旧日本留学生の小冊子『一支那青年より日本帝国の青年に与ぅ』（一九三五年）は、大要以下のように主張した。

「満州事変を通じて、一時貴国人間でのやかましい問題となったのは、我、国定教科書中の排日記事であった。」なるほど、その記事のあまりに「感傷的に、特に排日の思想を鼓吹する」のは遺憾であるが、しかし考えてもみよ、とこの小冊子は説く。「貴国歴史を通じての世界への誇りは、神武建国三千年来、一度も外国からの侵略を受けなかった征服者としての名誉である。三韓征伐も、弘安の役も、日清日露の大戦勝も、国民教育上の最も重大なる教材の要素であった。」かくて、日本政府がその「征服者としての対外関係を小学児童の教科書中へ編入することは」おのずから「露人と支那人へ対する侮蔑の感情」をうえつけることとなったが、このこととても、われわれは「当然其国家の執るべき教育政策」であると考え、これを難ずるものではない。しかし、もしそうであるとするなら、同時に、中国政府が同じく自国の立場から教材をこしらえることがどうして難ぜられることになるのであろうか、とこの冊子は説く。

「今日、我国定教科書中に於ける対外教材中、貴国への記事が、最も其大部分を占めておるのは、日清戦争後の我国は、(中略)貴国への関係」なしには語れないからであり、「いわゆる国恥問題」も避けがたいところである。それを「総ての教科書が、排日思想の普及を目的としたかのように考えられたのは、無理もない観察ではあるが、こうした国家の教育精神から編纂されておる他国の国定教科書を、単なる自国への利害を中心に、抹消せよとの問題は、日清戦争の記事を、貴国の教科書から、抹消せよという無理な要求と同じく、他国の教育政策にまで、干渉すべき一種の国権侵害である。」

日本の内部から

この抗日教材と同じ歴史認識が、同時代の日本内部になかったわけではない。つぎにあげるのは、三八年五月二一日、日中戦争開始の翌年に、神奈川県川崎市の宮前小学校便所にはってあったビラである。

中華民国の宿命的な抗日、排日、侮日、反日は、持たざる国日本が持てる国中国を武力侵略するから容共排日となるのだ。

中国の抗日運動と抗日教材を植民地解放運動の立場でうけとって、満州事変その他の日本軍の軍事行動を素材に、解放教材を、日本内地で日本の子どものためにつくったものに、「コップ」の主力だったプロレタリア作家同盟や新興教育研究所作成のものがある。そのひとつとして教材「地理問答満州国」(森かづ子作、『ピオニールの友』一九三二年、新興教育出版部)を抄録しておこう。登場人物は島田君(ピオニール)、田中君、春子さんの三人の日本の子どもである。

島田「大豆の年産額が四千百万石、小麦が九百八十万石(中略)その他色々の農産物がとれるよ。」/春子「それなのに、どうしてお百姓さんはミジメな生活しているの?」/島田「小作料として地主や軍人にシボリ取られるからさ。」/春子「しかし、今度の新国家が出来るとそんなことないでしょう。」/島田「どうしてだい?」/春子「少女倶楽部に満州三千万民衆は新国家が出来て永い永い地獄のような生活から愉快な平和な楽園に暮すことが出来ると書いてあったわ。」/島田「バカ言ってらあ。」/(中略)島田「満州国というのは、あれは満州人が自らすすんでつくった国ではないんだな。まあ、言わばテイのいい日本の植民地だよ……」

類似の教材に、前出の「満洲戦争の話　三月十日とは?」(平川一太郎『ピオニール・トクホン』第二輯)のほか、「世界各国めぐり中華民国の巻」(藤枝丈夫『少年戦旗』一九三〇年一月号)、「満州国はどんな所か?」(『ピオニーロ夏休み帳』一九三二年八月)などがある。

教師改作教材のばあい

学校教師作成教材として、前出の「教労」長野支部『修身科無産者教授教程』所載の国定修身教材「能久親王」の「逆用」指導案をみてみよう。

帝国主義搾取下における殖民地の窮乏とそれに対する反抗(親王は天皇と親類であり　利害を共にするものであること)　支那帝国主義の下に搾取されていた台湾人は更に日本の手に渡された、それまでの窮乏の有様、大衆の反抗　原始的な武器　天険等により搾取者を入れるなとがん強に反抗した。遂にその支配下に置かれた現在の大衆のより一層の窮乏　原始的生活　搾取の強制　一方に肥え太る資本家(鉄道をしき山を切り開いた)　之に対する不平は霧社事件等の形となって現れている。

現在の支那侵掠戦争の話／其他印度等の殖民地大衆の反抗

日本の教師層の中国抗日運動に準ずる教材づくりの事例は、この「教労」長野支部が三三年官憲の弾圧をうけて解体してからあとは、組織的なかたちのものとしては、知られていない。以後、日中戦争下で、国定教材に対する多少とも批判的で組織的な動きをした教員層といえば、新学校関係者が拠った新教育協会や綴方教師たちと、かれらが現場をになった城戸幡太郎らの教育科学研究会(一九三七年五月結成)の動きなどを残すだけになった。

綴方教師のばあい

綴方教師たちは、「自由教育」や「プロレタリア教育」の教師たちのように、自前の教材を作成することはなかった。しかし、その指導する学級の子どもたちの書く生活綴方は、かれらの指導方針であった地域の生活現実に取材する社会的なリアリズムゆえに、ときに反軍的な抗日教材に準ずる性格をおびるばあいがあった。そして、これらの綴方をあつめた「文集」は、かれらの教室で、国定教科書と並ぶもうひとつの「教科書」となった。じっさい、この「文集」製作と交換の経験を発展させて、綴方教師のなかからは、日中戦争の現場に素材をとった子どもむけの読物を残すものが現われてきたのである。

国分一太郎著『戦地の子供』(一九四〇年)がそのひとつだった。日本の子どもむけに書かれたこのルポルタージュふうの読物教材は、教職を追われたのち南支派遣軍広東報道部員のポストにいた著者の書物である。著者の主観的意図が日中戦争容認の立場にあったことは同時代史料からみて明白なものでありながら、子どもの生活に焦点をあてた方法上の社会的リアリズムゆえに、この読物は当時数多く出された戦記ものとは性格を異にするものになっていて興味深い。

太平路《タイピンロオ》というとおりで、私はびっくりしたことがあります。足がのびない男の子です。(中略)その様は道をのろのろとはってゆく、かたつむりにも似ています。その子のまわりには、多くの人々が、ゾロゾロと通りすがり、みんな目をひそめてながめて行きます。

カタツムリには、心がないだけいいでしょうが、この子供には、人間の心があるのです。目も耳もあって、人間どもの姿と心を見聞できるのです。

悲しそうな目付をして、時々空を見上げるようにし、前へ前へと進んで行きます。これでも、人間として生きる楽しみはあるのです。彼は、前へ前へ、自分の心の中にある望みに向って、少しずつだけれども進んで行くのです。(中略)こんなに苦しんでまで、人間のあつまりである社会(世の中)を好いている——その少年を見て、私は心の中に何か強いものがわいて来るのでした。私たちは生きねばならぬ。命ある限りは、自分たちの世の中を愛さねばならぬ——こういうことを考えさせられました。(中略)みなさんは、こういう人々とも、新しい東アジアの友達として、力をあわせていかねばならないのです。これらの気の毒な人々から、私たちが学ばねばならぬこと——それは先にもかきましたように「これでも生きていく、世の中をたのしんでいく。」という強い心です。

(イ) 植民地の声(朝鮮・メラネシア関係)

独立運動文書の例

朝鮮で文治政治がはじまった一九二〇(大正九)年に、日本の官憲側が通化県半拉背倍達学校で押収した文書のなかには、つぎのようなものがみられた(『現代史資料』

二七所収文書による)。

(1)高等小学読本(写本)　金基礎所有(抄訳)

第二　故郷　(前略)吾人ノ故郷ハ寃讐ノ修羅場トナリテ吾人ノ自由行動ヲ許サズ新大韓ヲ建設スベキ活動地ハ外国ニアラズシテ何所ニカアル然ラバ我祖国光復ノ大志ヲ懐ク少年男児等ハ故郷ニ対スル恋々ノ情ヲ棄テ海外ニ出テ強固ナル目的ト確実ナル手段ヲ以テ五尺ノ短軀ヲ祖国光復ノ犠牲タラシムベキモノナリ(後略)

(2)高等小学本国歴史巻二　一冊(写本毛筆書、抄訳)

第五十三　丁未政変　七協約　軍隊解散　司法権委任

(前略)露日戦争後我国ノ軍隊ハ万余人ヲ減ジタリシニ此年八月軍隊ヲ解散シ人心恟々タリ侍衛隊長朴星煥悲憤自刎シ我兵日兵ト接戦セシモ畢ニ我兵敗レテ(中略)隆熙四年寺内正毅統監トシテ来リ合併ノ策ヲ実行ス七月我国ノ警察権ヲ収有シ八月十六日完用ヲ招キテ合併ヲ要求シ京城又各地ニ大兵ヲ以テ示威シ(後略)

(3)少年唱歌　一冊(謄写版刷)

この謄写本唱歌集を押収した日本の官憲は、その「多クハ朝鮮内ニ於テ作ラレタル燕趙悲歌ノ不穏唱歌ナリ」と評している。朝鮮での抗日教材には唱歌集形式のものが多かったらしく、同年一一月一四日輯安県花甸子育英学校での押収文書にも唱歌集一冊(毛筆書)があり、同二七日寛甸県長陰子康竜五方での押収文書にも同種のもの一冊が含まれていた。前者は、冒険猛進歌、復讐雪恥歌、同心歌、軍人歌などからなるもので、主題は朝鮮の独立であり、後者は、抗日の歌数種をならべ、末葉に「合併不可能之原因」と題してつぎのようにのべているものであった。「一、人情習俗不同　同化永ク難シ。二、四千余年ノ歴史ヲ積ミタル古代文明国ナルヲ以テ懐古ノ念永久ニ絶エズ。三、四、五、六(略)、七、独立ハ人性ノ常情ナリ云々。」

なお、この学校では「日本人ト血戦センガ為兵学ヲ教授」していた、という。同じものは他にもあり、ロシアとの国境付近の下別里の朝鮮人学校長韓桂東は「国権回復」を説いて付近の青年を組織し訓練したが、日本側旧陸軍省文書によれば、その規約はつぎのようなものであった。「下別里青年会規約(抄)　1(略)　2、本会ニテ既集ノ義捐金八千留ハ琿春独立義兵団ニ寄付シ尚将来募集ノ義捐金モ同様寄付スルコト。3、本会員ハ決死ノ主義ヲ以テ倭奴ト戦争ノ時ハ出動決戦スルコト。4、本会員ハ露国軍ニ徴集セラレ服務中ト雖倭奴ト交戦ノ場合ハ義兵ニ加ワリ出戦スルコト。」

国定教材批判

一九二七年二月の『東亜日報』紙に日本の国定教科書の教材を直接俎上にのせた論説「朝鮮普通教育の欠陥」(慶尚南道密陽郡　金振国)が発表された(朝鮮総

督府警務局『朝鮮に於ける同盟休校の考察』一九二九年、所収)。この論説は、総督府の普通学校の歴史教科書上下二巻(五年以上)をとりあげ、つぎのように論じたのである。

「その中にも実に憤慨に堪えないことは、我々朝鮮の歴史として教えられる歴史なるものは、我朝鮮の文献や伝説にも全然なく、又我々が夢にも見た事のない全然虚妄の史実が並べられておることである。歴史は少なくとも遺蹟記録要素がなければならぬではないか。」

論者はその例としてつぎのようなものをあげ、日本の植民地関係教材の「我田引水」ぶりを弾劾する。近代の軍事にかぎるという本書の範囲をはずれる部分もあるが、無関係ではないので抄録しておこう。

○第四課「神功皇后」と云う題の末に、十四代仲哀天皇の時代に神功皇后が熊襲《くまそ》を征伐する時に、熊襲の背後に朝鮮があるから、先ず朝鮮を征伐しなければならないと、新羅と戦う計策を立て、水軍をして対馬を経て、新羅の地域たる東海岸に至った処、これを聞いた新羅王は大いに恐れて「東方に日本と云う神国あり天皇あるを聞けり、今来るは是れ必ず日本の神兵ならん」とて直に白旗を以て降服し、「仮令《かりに》日が西から出て溟水《めいすい》(鴨緑江を指す)上に溯ることあるとも毎年の朝貢は決して怠らざるべし」と誓約したと書き、其の後に百済《くだら》高麗も日本に附属したと書いてある。斯かる虚妄の記録は朝鮮では、どんなにしても求め見ることの出来ぬ史料であり、朝鮮には寧ろ之と正反対の記録さえあるのである。（中略）我々が朝鮮とか日本とか云う互の利害関係を離れて、第三者の態度を以て見ても有史以来日本は朝鮮から、文物、礼儀、道徳、宗教、風俗、言語等直接間接に莫大なる恩恵を蒙って来たではないか。

○第五一課（前略）「韓国合併」と云う題の下に「ポーツマス条約の後日本は韓国京城に統監府を置き韓国内政を保護改良したるに何等効を奏せず、元来多年の弊政なるが故に施すべき術なく竟に合併した」と書いてあるが、これも果して事実ありのままなのであろうか？

吾人は言を多く費したくないのである。

論者はこのような事例をあげ、さらに「普通学校で教授の任に当たる教師の徒労と、これを学ぶ生徒の苦痛が如何ばかりであり、その効果の如何は教師自身が体験しつつあることであり、父兄達も憂慮しておることである。普通学校に劣等児童の多いのは其の原因は何であろうか」とのべている。

中国抗日運動のなかで

以上は、日本の朝鮮に対する同化教育を朝鮮人の立場から批判し、つくりかえようとした教材群と教育論である。ここでさらに、同類の教材が、中国における抗日運動のなかで出されるばあいもあったことをつけ加えておこう。その例として、さきに「朝鮮亡国の故事」をあげたが、ほかにもある。国民政府側のつくった『新時代国語教科書』初級用第七冊第四十四課にのった「朝鮮遺民的余海山」と題する教材はそのひとつであった。

朝鮮遺民の余海山

朝鮮が滅亡して後、彼等人民の中で気概のある者は亡国の苦痛を感じ続々として蹶起反抗したけれども力足らずして功を奏せず、度々失敗に終った。真に憐むべき事である。今説かんとする余海山も、朝鮮遺民の一人で亡国民たるを潔しとせず栄山地方に在って、同志を集め、兵を挙げて反抗した。不幸にして戦敗れ、海山は敵に捉えられて、云うまでもなく殺された。彼は死に臨んでも尚故郷栄山を忘れ兼ね一首の辞世を遺した。(後略)

(『支那国定排日読本』)

日本人の立場から

ところで一方、同化教材を日本人の立場から批判しつくりかえる動きの方も、はやく一八八〇年代から存在した。西村正三郎ら開発社系統の教育論がそれである。日韓合併後この論議はしばらく消えるが、二〇世紀に入って「民本主義」と社会運動が高揚するころになると、まず、矢内原忠雄らキリスト教的ヒューマニズムや人格主義の立場にたって、ふたたびこれをとりあげる人びとが現われてきた。また、柳宗悦や柳田国男らによって、民族の文化遺産の保存のしごと、もしくは民族文化に根を下さないかぎり学校教育はこれを人間発達の助成という本来の人間形成活動として成り立たせることができないとの立場から、植民地での同化教育を批判する論陣がはられたりもした。

これらの同化教育批判の動きは、朝鮮や台湾における諸民族の独立運動となじみえないものではなかった。しかし、そうかといって、日本の軍事史や植民史を素材にして、日本の軍事支配からの両民族の政治的解放を目ざす教材づくりを試みるといった性格のものでもなかった。朝鮮や中国民衆の独立運動を植民者である日本人の立場から植民地解放運動としてうけとり、これを教材批判や教材づくりの分野で遂行する動きということになると、一九三〇年代の無産大衆運動のなかで試みられたものが代表的ということになる。しかしそれも極めて少ない。新興教育研究所と「教労」の運動に在鮮日本人教師の立場から参加した慶尚南道のキリスト者教師上甲米太郎《じょうこうよねたろう》や咸鏡南道の教師岡本晃などの動きは、数少ないその例である。上甲と岡本は、新興教育研究所の機関誌『新興教育』に投稿して、それぞれ「俺達の背後には、今全鮮に動く偉大な力がある。やるぞ！　力強く」、「朝鮮の完全なる独立万歳！　日鮮人のプロレタリア的提携万歳！」などとのべている。

これで、二人の教師が、朝鮮民衆の独立運動を日本人の立場からひきとって行動しようとしていた教師だったことがわかる。しかし、かれらがそのためにどんな教材をつくったかは、くわしくはわからない。若干の手がかりを与えるものとして、岡本ののこした投稿文がある。岡本は、総督府編集の教科書は、朝鮮人の子どもを「帝国主義××(日本――引用者注)の最大の奴隷にしておくための実に用意周到な編纂振りなのだ」とする。そして、内地の国定教材にも採用されてきた神功皇后の三韓征伐の教材(普通学校国史上の四、小学国史上の四「神功皇后」)が、朝鮮人のあいだに伝えられているダッカイ王の英雄伝説の逆用であることを、その一例としてあげている。

逆用の逆用

朝鮮の伝統に《ママ》、新羅の始祖は、遠く海を渡って来た王様であるというのがある。新羅のダッカイ王という伝説的英雄だ。その伝説を旨く利用して、日本の古い歴史によると、日本の王子様の一人が海を渡って隣国の王様になられたという事がはっきりと書物に書いてある。その王子様こそがダッカイ王なのである。だから、元来、日本と韓国は同祖なので、日本が本家なら、朝鮮は分家なので、太古から同じ先祖なのである。神功皇后の三韓征伐は実は、そのダッカイ王の子孫である新羅王が、国内の謀反人に苦しめられていたのを助けに行かれたのであると。(岡本晃「朝鮮に於ける初等教育」一九三二年)

岡本の主張するところは、先の「朝鮮普通教育の欠陥」の筆者による教材「神功皇后」批判と一致する。後者のいう「朝鮮には寧ろ之と正反対の記録さえあるのである」の部分が、岡本の紹介する「新羅のダッカイ王という伝説的英雄」の物語りに該当する。これによって、岡本が、総督府の作成したこの民族伝説逆用教材を、もう一度どのような文脈のなかで逆用し直して植民地解放教材につくりかえようとしていたかを推測することができる。

脇田英彦のばあい

内地の教師たちの手になるものとしては、例の「教労」長野支部の教程に、一か所だけ、国定修身教材「生きものをあわれめ」の利用方針としてつぎのようにある。

現社会制度においては生きものは勿論人間まで極度の暴圧搾取生活を強いられているが、その具体的バクロよりして、その社会制度顛覆のためには吾々は如何になすべきか（中略）

日本帝国主義下の朝鮮及朝鮮人　タイワン――
反戦／帝国主義戦の惨虐性と闘え（後略）

脇田英彦は、前記の手記のなかで、尋常小学国語読本第三期巻九の第二課教材「トラック島便り」に考察を加えて、「新植民地に対する関心を昂めることは国家的見地から必要とされるであろう。資本主義国の植民地政策がバクロされなければ幸だ。今日の状勢では南洋諸島は政

第二　トラック島便り

（前略）此の辺一帯の島々は我が国の支配に属しているので、内地から移って来た人も多く、少しもさびしくはありません。

内地から来て先ず目につくのは植物で、其の中でも殊に珍しいのはココ椰子《やし》の木やパンの木などです。（中略）

何だかおとぎばなしの世界にでもまよいこんだようです。

土人はまだよく開けていませんが、性質はおとなしく、我々にもよくなつき、殊に近年我が国で学校をそこここに立てたので、子供等はなかなか上手に日本語を話します。此の間も十ぐらいの少女が「君が代」をうたっていました。

いずれ又近い中に便りをしましょう。おとうさんやおかあさんによろしく。

四月十日　　叔父から

治的軍事的問題の渦中に入るのではないか」とのべている。

リアリティのうすいこの植民地関係教材に加えた脇田の多分に皮肉をこめた杞憂は、実は杞憂にとどまらなかった。国定教科書の、子どもの「教育」のための教材としてのたてまえに忠実であろうとするあまり、これら植民地教材の指導目標が、教師自身の手で、逆に裏返されてしまうばあいが発生していたからである。その一例が、前記の民族的文化遺産派に属する国語教師芦田恵之助のばあいである。

芦田恵之助のばあい

芦田は、脇田のような教師とはちがって、むしろ、日本の伝統への忠誠という点では、柳田と同じで、一般普通の教師以上のナショナリストだった。だが、教育活動はなんらかのかたちで民族性をもたなければ、子どもの心身の発達の助成としては成り立ちえないとする、そのナショナリストとしては当然の原則を教職への忠誠のあかしとして徹底させていくと、かれの示すこと、いうことは往々にして、中国、朝鮮、そしてミクロネシアなどにおける日本の植民地教育と国定植民地教材から後光をはぎとるものになっていった。前年かぎりで東京高師付属小学校訓導をやめた芦田は、一九二二(大正一〇)年、朝鮮総督府の嘱託となって『朝鮮国語読本』の編纂に従事し、さらに二五年には、南洋庁からの依頼で『南洋群島国語読本』の編纂をおこなった。この南洋読本の本科用三巻、補習用二巻には「朝鮮」(補二の第八課)、「南洋群島」(本三の第十三課)など植民地関係の教材が収められているが、それぞれについて、教科用図書嘱託編集官芦田恵之助は、つぎのように説いてはばからなかった。

（前略）新羅時代の仏教芸術品の今に残っている物を見ると、実にすぐれたものがあります。日韓併合以来、日本はかの地の文化開発に力を尽しています。遠からず朝鮮の文化復興期が来ることと思います。（『南洋群島国語教授書』一九二六年）

随意選題綴方の提唱者としても知られている芦田は周知の坐禅主義者で、マルクス主義が日本人に教えた社会科学なるものをてんで信用しなかった。この一文の最後のしめくくりは、以来数十年の射程をおいて読み直してみると、まことに意味深長である。

ミクロネシアで

教材「南洋群島」は、脇田が問題にした国定第三期国語教材「トラック島便り」と対をなすものである。自作のこの教材について、編集官芦田恵之助は「武力的発展は時代錯誤です。人格的発展、努力的発展が平和の世に於ける発展の唯一方法です。」と解説した。また、『南洋群島国語読本』の教授書末尾に、とくに「南洋国語読本の編纂について」と題する一文をよせ、本読本編集にあたって、自分は、「他国の文化の華を見るよりも、自島に文化の芽生えることを楽しませるように工夫しました。人間を教育するには、外より教えこむよりも内に萌え出ずるを導くのが真の意義であるとの編者の所信からです」とのべている。

かれの論法でいくと、植民地教材づくりにおける日本植民「軍」の役割などというものは、マイナス役割としてしか存在しないことになってくるではないか。

IV

軍事教材の戦後

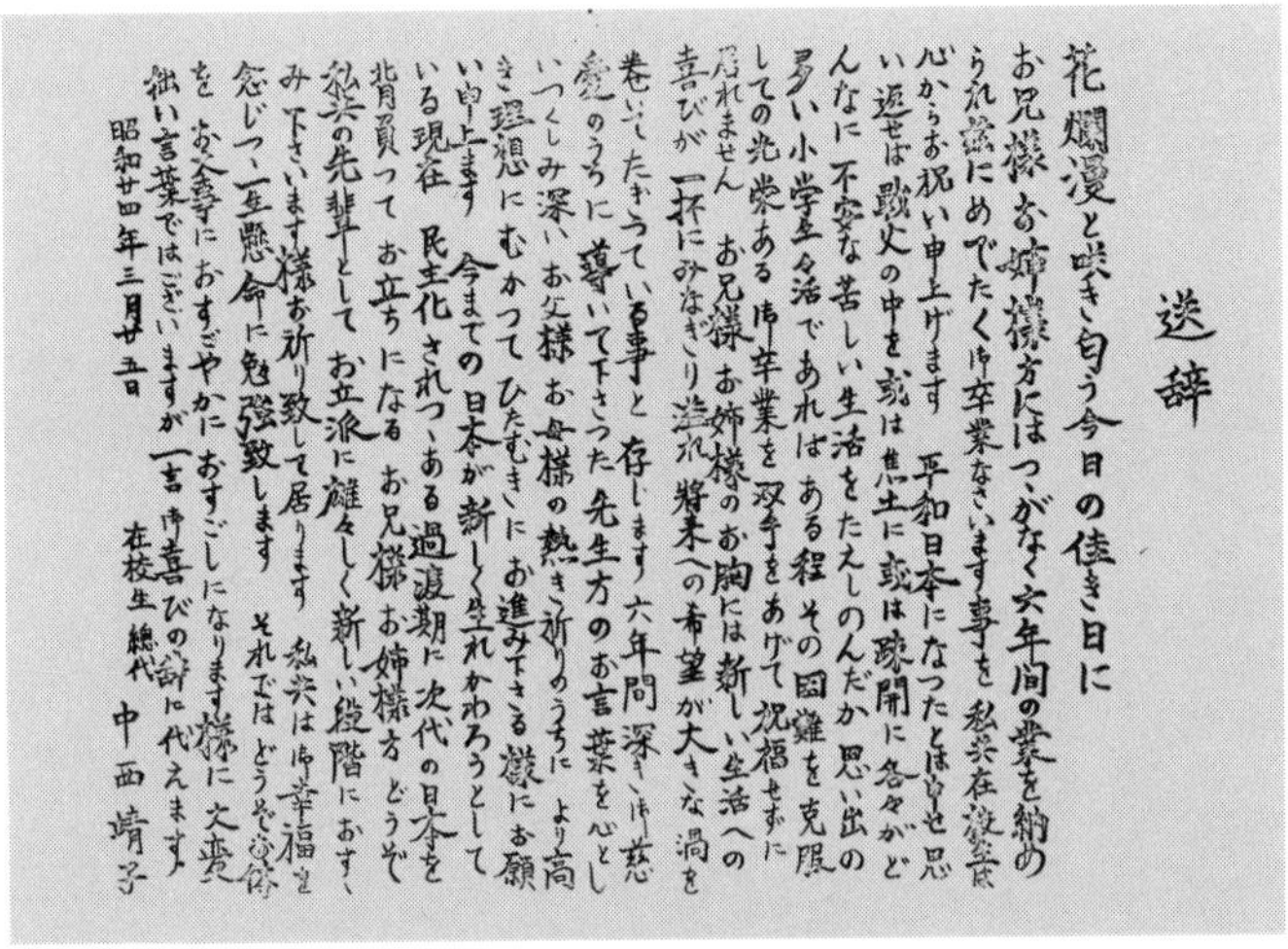

送辞

花爛漫と咲き匂う今日の佳き日に
お兄様お姉様方にはつゝがなく六年間の業を納め
られ誠にめでたく御卒業なさいます事を　私共在校生は
心からお祝い申上げます　平和日本になつたとは申せ思
い返せば戦火の中を或は焦土に或は疎開に各々がど
んなに不安な苦しい生活をたえしのんだか思い出の
多い小学生々活であればある程その困難を克服
しての光栄ある御卒業を双手をあげて祝福せずに
いられません　お兄様お姉様のお胸には新しい生活への
喜びが一杯にみなぎり溢れ将来への希望が大きな渦を
巻いてたゞようている事と存じます　六年間深い御慈
愛のうちに導いて下さつた先生方のお言葉を心とし
いつくしみ深いお父様お母様の熱き祈りのうちに　より高
き理想にむかつてひたむきにお進み下さる様にお願
い申上げます　今までの日本が新しく生れかわろうとして
いる現在　民主化されつゝある過渡期に次代の日本を
背負つてお立ちになるお兄様お姉様方どうぞ
私共の先輩としてお立派に雄々しく新しい段階におすゝ
み下さいます様お祈り致して居ります　私共は御幸福を
念じつゝ一生懸命に勉強致します　それではどうぞ御体
をお大事におすこやかにおすごしになります様に　文意
拙い言葉ではございますが一言御喜びの辞に代えます
昭和廿四年三月廿五日
在校生総代　中西靖子

日本の新生を語る子どもの送辞(東京都下某小学校)

VI　革命家の戦略

1　政府・占領軍次元の処理

ひとつの転機

日本の近代国家のよって立つ精神的支柱の一つだった国定軍事教材。この支柱に対する内外の民衆運動の公然・非公然、積極・消極、さまざまの形をとったゆさぶりと攻撃は、一九四五(昭和二〇)年八月一五日の時点でひとつの転機をつかんだ。皇軍の武装解除と軍国日本の指導者の軍事裁判、そして公職追放開始という新事態は、軍事教材をどう処理し解体するかという課題を、なんらかのかたちでその洗礼をうけてきた近代の日本人につきつけることになったからである。誰がどういうかたちでこの処理をおこなうかは、戦後日本の精神的体質を決定するうえで重要な意味をもつものだった。しかし、ことの重要性が充分自覚されないまま、それは占領下の終戦処理内閣のほとんど一方的なリーダーシップのもとに方向づけられ、あたかも唯一の方法であるかのように実行された。忠誠観念による自己規制ときびしい思想警察の規制のもとで、なおかつこれを陰に陽にゆさぶってやまなかった国定軍事教材をめぐる民衆的エネルギーは、このときどこへ行っていたのだろうか。

軍事教材の処理方法について最初の指令を出したのは、じつは、占領軍でも日本の在野勢力でもなく、東久邇宮終戦処理内閣の文部省だった。「文化国家、道義国家建設」の方針をかかげた四五年九月一五日発表の「新日本の教育方針」第三項教科書、および同二〇日各地方長官宛次官通牒「終戦ニ伴ウ教科用図書取扱方ニ関スル件」がそれである。この通牒は、現行国定教科書の「継続使用」という前提に立って、二つの「削除・補充」の方針をうちだした。まず「省略削除又ハ取扱上注意スベキ教材ノ規準概ネ左ノ如シ」として、「国防軍備等ヲ強調セル教材」「承詔必謹ノ点ニ鑑ミ適当ナラザル教材」等五項目をあげ、つぎに「教材省略ノ為補充ヲ必要トスル場合ニハ国体護持、道義確立ニ関スル教材、文化国家ノ国民タルニフサワシキ教養、躾等ニ関スル教材(中略)等ヲ夫々ノ教科科目ノ立場ヨリ土地ノ情況、時局ノ現実等ニ稽エテ適宜採取補充スルコト」とのべている。

国自身による処理

軍事教材は、「国体護持」の教材と同じではなく、むしろそれと対立するものとされている。「皇軍」なるものは一時の、必然性のない存在だったとの認識である。

占領軍の指令

他方占領軍がこの問題について指令を出すのは、これから一か月すこしのちの同年一〇月、「日本教育制度ニ対スル管理政策」のなかのC項(1)(2)においてであった。そこでは「軍国主義的乃至極端ナル国家主義的イデオロギーヲ助長スル目的ヲ以テ作成セラレタル箇所ハ削除セラルベキ」であり、「教育アル平和的且ツ責任ヲ重ンズル公民ノ養成ヲ目指ス新教科目、新教科書、新教師用参考書、新教授用材料」がこれに代えられるべきである、とされた。

軍事教材を排除の対象にしている点は同じだが、文部省のいう「国体護持」教材を「平和的且ツ責任ヲ重ンズル公民ノ養成ヲ目指ス教科目」教材にかえている点が、前者とちがっている。とはいうものの、軍事教材の排除を、その「削除」という方法でおこなおうとしている点では、両者は同工異曲であったといわねばならない。このことは重要である。

削除という方法

国家の手による「削除」というこの方法は、軍国主義と軍事教材をほうむるうえでの純然たる技術的問題にとどまらず、多分に思想性をもつひとつの立場の選択である。この立場は、日本の国定軍事教材群とのたたかいやゆさぶりに示されてきた日本の「民本主義」、中国の「五・四運動」、そして朝鮮の「三・一運動」以来の日・中・朝の民衆による主体的リアリズムの立場を、一括してしりぞける点に特徴をもつ。いわゆる軍部の帝国主義戦争の正体についての認識と国民的体験の整理のうえに、国定軍事教材の批判と否定の決定をおこなうのではない。国民的体験の切断のうえに、占領軍とそのもとにある政府司直の手によって、これらの教材とそれにまつわる近代日本の歴史のしがらみを一括して処理しようとするのが、その哲学である。

パレ・ロワイヤルの集会

この方針は、日本を占領し、その「軍国主義」を解体しようとした連合国側の内部にあった考え方からいっても、必ずしも自明のものではなかった。ドイツ、イタリアおよび日本の軍国主義、その「死への教育《エデュケーション・フォー・デス》」(G・ツィーマー)との国際的で国民的な闘争のなかから、三、四〇年代の欧米社会の教育運動と教育学は、ひとつの教訓をひきだしていた。一九四六年七月一日から四日まで、パリのパレ・ロワイヤルで開かれた教員の国際集会(のちの世界教員組合連盟)は、三つの議題を討議したが、そのひとつは「平和のための闘争」と題されるものだった。

総会で、アメリカ教員総連合代表カリロは発言する。「たしかに、ファッシズムに対する戦争は終った。しかし、ファッシズムが決定的に打破されたと思うのはまちがいである。ファッシズムは政治的にも観念的にも生存しているのだから。(中略)世界の教育者たち、文化＝教育の労働者は、生活そのものからよい構想をひき出さなければならない。」(訳文は竹内良知編『教育実践と基本理論』一九五九年による。以下同じ)

ついで「恒久平和のために」と題する議題をめぐっての各国代表の発言。フランス教員連盟書記マリー・ルイズ・カヴァリエが立ち上って、「われわれは……戦前に試みたように、歴史教育という重要な問題の研究ととり組むだろう」とのべる。ナチスに占領された体験をもつベルギー代表ヤンセンは、「われわれは、わが国に荒廃と多くの苦悩をもたらした占領を経験している。平和は国民の権利を尊重することにもとづかなければならないとわれわれは考える」と主張する。ついで、アメリカ教員総連合代表ペラザ。「われわれにとっては、平和擁護のための教育は、子どもたちに真理、事実、英語で客観的真実と呼んでいるものを教えることにある。(中略)われわれの意見からすれば、基本的なことは、国民に、そして青少年に戦争の原因を説明し、学校が戦争の原因についての真相をひろめることに一役かうように気をつかうことである。」

イタリア代表モンテヴェルディィ、日本と同じ立場の敗戦国代表は、逆に連合国の痛い、しかし大事なところを衝く。「しかし、平和が正義と諸民族の自決権に基づくものでないかぎり、戦勝国が、多かれ少なかれ仮面をかぶった帝国主義的目的を棄てることなく、戦略的地点を占領し、真の平和を望む自由な民族の世界であるべきこの世界を勢力圏に分割するかぎり、いくら平和を教えてもむだである。」

戦争を教える

むしろ戦争を主体的に教えることが「平和教育」であるという、ファッシズムを闘ってきた国の教員層の国際世論。教員層だけのことではない。一九四一年に初版本が出された『死への教育』の著者G・ツィーマーは、「単なる制止や否定では、これらの、攻撃的で活動的で派手な教義は息の根を止められないだろう」とのべている。

日本の占領軍は、これら欧米自国民側の国際的体験や教育世論をもしりぞける。軍部と戦争の理念やたてまえにかえて、その経験や現実をありのままに子どもたちに教えていくのではなく、逆に軍と戦争そのものを教えないようにすることが「平和教育」であり「民主主義」であるとの戦後日本の教育世論の原型が、ここに姿を現わす。

前記の文部省の九月二〇日通牒は、「削除スベキ教材又ハ取扱上注意ヲ要スル教材ノ一例」を国民学校後期用国語教科書について示したが、翌年一月になっていっそう詳しい削除修正の一覧表を、国語、算数、図画について、「連合国軍最高司令部ノ承認ヲ得」て発表した。その結果、「水師営」、「広瀬中佐」、「水兵の母」など古くからの軍事教材、「三勇士」、「にいさんの入営」など比較的新しい軍事教材、そして、「不沈艦の最後」、「ダバオへ」、「マライを進む」、「シンガポール陥落の夜」などこの期の特徴である不特定多数者を主人公とする新型軍事教材、そして植民地・東亜関係教材のすべてが、「全文削除」となった。

教科書からの削除は、子どもが教師の指示のもとに自分で墨をぬったり、紙をはったりしておこなったので、世間はこれを「墨ぬり教科書」とよんだ。なお、国定修身書各巻各教材については、国語のように文部省がとくに指定しなかった。そのため削除の範囲がどれくらいにわたっているかは、県別、学校別に明らかにするほかない。しかし、早くも四五年の末一二月三一日には、占領軍総司令部が覚書「修身、日本歴史及ビ地理停止ニ関スル件」を日本政府に手わたし、修身科の授業そのものの停止、教科書をふくむ関係教材の全面回収という処置を断行したのである。こうして日本の国定軍事教材の政府次元での処理のしごとは、少なくともこの時点では、学校現場や親の間からのさしたる抵抗もないままあっさりかたづいた。

「平和教育」の性格

「削除」といういわば闇から闇へほうむる方法に対して、軍事教材の美談の実相を明らかにしようとする試みが同時点で全くなかったわけではない。しかし、それらの試みは多く興味本位の暴露ものあつかいにされてしまった。ラジオ等が一時期報道した連続番組「真相はこうだ」がそれで、「一太郎やあい」もそこでとりあげられた。間もなく番組そのものが閉じられた。「削除」という政策が、戦後日本の教育のその後の展開に与えた影響は、はかりしれないほど大きい。たとえば、「軍国主義」教育の批判と「平和教育」の普及に力を注いだ日本教職員組合の五二年以来の教育研究全国集会の記録をみても、その大勢は、平和教育とは平和を教えることであるという政府と占領軍の敷いた図式をよういにぬけださない。その一方で、軍隊と戦争を教えない「平和教育」は、朝鮮戦争を体験してはやくも「軍国主義的自衛の精神の養成」の必要を再自覚するようになっていた戦後日本の治者によって、強く支持されつつあった。『内閣調査室月報』五七年二月号はいう。

「戦争の脅威をうけた体験と実感をもった世代がいつまでも支配的であるとはいえない。それらを完全に欠いている新しい世代が今や登場してきつつあることを忘れることはできない。明せきに国際情勢を洞察して大胆に十代二十代にアッピールして彼等を組織するものが明日をリードするといえる。今後、国民一般なかでも青年層の国家への関心をいかにして高め、その旺盛なる志気を鼓舞するかは、日本人の防衛意識形成の中心テーマであり、新しい民族主義昂揚の精神的風土の培養こそ、現代日本政治にとってきわめて緊急の課題であるといえよう。」

2　民間における処理

自然発生の動き

普通教育の教材づくりに果してきた軍隊と戦争の事実の素材としての役割を、八月一五日の皇軍無条件降伏をさかい目にして直ちに解任してしまうのではなく、逆にその非国家版と平和版をつくりだすしごとに奉仕させようとする論法。日・中・朝の解放運動と民衆運動に起源をもつこのもうひとつの「平和」教育の方法は、第二次大戦後とだえてしまったわけではない。

戦後の官製平和教育論の呪縛から一部の教師が自立して戦争を教える教育を考えはじめるのに先立って、それは、学校に現場をもたない市井の教師、地方の村の青年たちによって自然発生的にはじめられていた。四六年五月付で発表された、前年一〇月付総司令部覚書にもとづく教職員関係者の「軍国主義、国粋主義排除」の立場からの公職追放指令。そして、この指令に前後してはじまった声高らかな教師の戦争責任追及の主張。それらにまじって、口コミ、ミニコミ、やがてマスコミを通じて村から町へ、町から村へとひろがっていった比較的若い青少年層を中心とする「皇軍の正体と戦争の真因、真相を知りたい」という戦争学習への要求。ラジオ放送「真相はこうだ」が応えようとした人びとの声。四五年九月二七日付朝日新聞「鉄箒」(のち「声」)欄にのった次の投書は、マスコミにあらわれたそうした要求の初期のもののひとつである。「この割り切れない気持を清算して再出発せんがために戦争の起因とその経緯についての明白詳細な発表があらんことを……」

戦争体験の語り

この要求にこたえるかのように、街や村の大人や青年たちの間でボソボソと、父から子へ、兄から妹へと語られはじめた戦争体験。戦争中のいわゆる「流言蜚語」のばあいとはちがった政治環境のもとでの戦争体験の記録は、最初、『きけわだつみの声』(一九四九年)以下の戦没学徒の遺稿、手記の発表というかたちで注目をあびる。それは、同じ出征学生の手記類でありながら、革新社編『日本出征学生の手紙』(一九四〇年)といった類のものには姿を見せなかった世界を垣間みせるものとなった。その後、五〇年八月から雑誌『世界』(岩波書店)が募集しはじめた体験手記その他のかたちが出てくるにおよんで、この試みは、公務員、農民、元職業軍人、労働者、学生など各階層にわたるようになった。岩手県農村文化懇談会編『戦没農民兵士の手紙』(一九六一年)は、どの学生のばあいとも異なる農民たちの戦争観と軍隊体験をうかびあがらせ、話題になった。

母親と子どもの経験

六〇年代のはじめになって、「疎開派」の登場というかたちでそれまで沈黙をまもってきた戦中の母親と子どもの戦争体験記が出てくるにおよんで、戦争体験記録の運動はひとつのエポックをかたちづくることになった。草の実会第七グループ編『戦争と私——主婦たちの第二次世界大戦体験記』(一九六三年)、これとはやや性質を異にする植村環・平林たい子・田辺繁子編『いとし子と耐えてゆかむ——戦争未亡人の叫び——』(一九五二年)や、東京市目黒区月光原小学校編『学童疎開の記録』(一九六〇年)がこの時期を代表する。同時期はまた、日本教職員組合各府県組合が組合員教師から募集して、教師の戦争体験記を発表しはじめた時期でもあった。この記録ははじめ各教組の機関紙に発表されたが、のち

戦跡はどこにも残っている――旧陸軍の境界石杭(千葉県柏市)

には、岩手県一関国民教育研究会編『教師の戦争体験の記録』(一九六九年)のように、市販されるものも出てきた。また、県教組の婦人部が主体になって婦人各層の戦争体験をほりおこし、手記にして発表することもおこなわれた(たとえば、高知県教員組合婦人部『八月十五日――女性の戦時体験記』(一九六〇年)など)。

これらの体験記のうち、戦争を教えるという観点からみて注目すべきものに、『週刊朝日』六五(昭和四〇)年八月特集〈父の戦記〉がある(のち、週刊朝日編集部編『父の戦記』一九六五年のかたちで増補版が出る)。応募数一七一六篇。入選五名のうちの一人東京都立杉並聾学校教諭小池五郎の応募の弁に、「この戦争の一端を書残したかった。子どもがどう解釈するかわからないが、オヤジも一兵卒としてこんな体験をしたんだということだけは知ってほしい」とある。佳作もふくめた入賞者全部で二五名、うち教員が九名という数は、小さい割合ではなかった。

教材づくり

軍国主義という「あの派手な教義」に対抗しかつこれを「破壊」できるところの「より根元的にヒューマン」な教材をつくることが必要だと、『死への教育』の著者は早くから提唱していた。まず学校の外側で日本の国民各層が自然発生的にはじめた、戦争を語り記録する運動は、日本におけるこの「より根元的にヒューマンな」教材づくりの最初の萌芽型であったとみてよい。

平和教育とは戦争の事実を教える教育であるとの立場からの教材づくりを、学校の内部で自覚的におこないはじめたのは、東京の下町、江東区の歴史教育者協議会に集まっていた教師たちであったといわれている。江東区といえば、アメリカ戦略爆撃機の集中攻撃をうけて一面の焼野原になってしまった東京の労働者街である。この地帯で、官製「平和教育」論ははじめてうちやぶられた。国民を帝国主義戦争へとかりたてた、軍と戦争の教材づくりにおける役割を、今度は戦争と軍そのものを精神的にも解体するために、もう一度教材づくりにおける素材提供者として活用しようとする実践を発想しえたものが、戦争の惨禍をもっとも無惨にうけた地帯に職場をもつ教師たちだったことは意味あることである。

人びとの間での戦争体験の語りが早くから広範にありながら、これを直ちに平和教育のための教材づくりへと転化できなかったのは、おそらく世論操作もあって、この語りのなかに、逆に軍隊と戦争の倫理性を語るものもまた少なからずまじっていたことによる。大牟羅良記録するところの東北の元農民兵士の戦争体験記や、六七年敗戦記念日の『京都新聞』紙上での回想座談会がその一例である。それがどのようなものだったかについては、すでにのべた。これらの証言は、皇軍の倫理性の証言というよりも、じつは戦後日本の農村や都市企業社会の非倫理性を語っているだけのことなのだが、そういう戦後状況を媒介者とすることによって、軍隊と戦争の疑似倫理性があたかも真実の倫理体験の源泉であるかのごとく語られるしくみは、今日といえどもかわりはない。体験記録とはもともと、そういう性格の記録である。それは、日本人としての体験である以上、共同体原理、生死一体観、母性原理など、国定軍事教材が根づきかつ再生産してきた心性に、どこかでかかわりのあるものである。そういう特質と条件を教材づくりにあたって考慮にいれながら、六〇年代の「戦後は終った」時代に入って、逆に戦争を教える教育が、国定軍事教材のもうひとつの処理方式として誕生してくるのである。

継がれる教材化の試み

「文学教育の会」に属するある教師が、子どもたちに「正しい戦争観を育てる」ための「文学による戦争体験の教育の可能性」をさぐったのは一九六〇年の末のことだったし、岡山県の歴史教育者協議会の教師新谷清之助が実践記録『父母が子に語る戦争の歴史』(謄写版刷)を発表したのは、六六年の八月一五日のことであった。編集後記にかれは、つぎのようにのべている。

「岡山の静かな田園地帯を昭和二〇年八月一五日を焦点に、すぱっと輪切りにすると、名もなく平凡な庶民の戦争経験がぎっしりつまっています。(中略)一クラス五〇名中二〇数名の父母が、外地に戦争を通じ出かけ、中国・東南アジア・太平洋の全域で戦争体験をしていることは、今さらのごとく驚きです。(中略)子どもたちは父母の戦争体験を文章化するなかで、父母の生活をみつめ(中略)なぜ戦争という名の人殺しに参加し、加害者でありつづけたのかを考えはじめている。この疑問は身近の状況を同心円的に拡大しただけではとらえきることは出来ません。ここで世界史を科学的に学んで、戦争や国家がわかりはじめます。」

この国定軍事教材のもうひとつの処理方式は、やがて、民間「軍事」教材の素材は、戦前とはまたちがったかたちで存在していることを明らかにし、そこから別の教材をつくりだす運動に結びついていった。六五年、福岡県のある教師は、在日米軍軍事基地を「教育の内容にする提案」をおこなって、「基地問題は単に平和と独立の問題にとどまらず、それをとりまく子供たちに新しい価値を発見させ、子供たちを新しい価値にまで高める大きな人間変革の内容を含んでいると思います。日本とアジアの平和を子供に教える場合、憲法第九条のみを教えるだけで「科学的」「系統的」と言えるでしょうか?」とのべた(藤野達善「基地と教育」)。

六〇年代といえば日本の経済と学校の驚異的な高度成長の時代であり、「技術革新の教育」や「未来からの教育」論でにぎわっていた時代である。だがそのもとで、いまなお日本人の生活のどこかに息づく国定軍事教材の精神力学を日常の社会生活史の次元で解体していく、一見旧時代的なしごとは、絶えることなく、試みられていたのである。

あとがき

軍事教材の歴史をふりかえってみてあらためて感ずるのは、この種の教材は、その内容が反社会的だとか軍国主義だとかいった教育的効果うんぬんの問題をこえて、というよりもそれとは異なる次元で、ひろく内政・外交上の重要問題だということである。このことを、戦後、八〇年代の文部省検定教材は、またも経験したのだった。

「軍と教育」というテーマの共同研究の一部に入れる予定で、わたくしは、しばらく前に本書であつかったのと同じ問題を考えてみたことがある。ところがこの共同研究は、その成果があらかたまとまった段階になって、オルガナイザーの身上に生じたある個人的事情のために頓挫し、原稿は金庫のなかに眠ることになった。今年になって一橋大学の大学院で同じテーマの講義をおこなうことになり、新しい史料を加えてもうひとつ別のノートをつくった。本書はこのノートを原稿化したものである。そういうわけで講義調だったものを新書の体裁にあうようまとめ、本書の刊行というかたちにこぎつけるべく助力してくれたのは、岩波書店編集部の柿沼マサ子さんである。お礼を申しあげたい。史資料（教材も含む）からの引用文はできるだけ原型をとどめるよう工夫したが、他方、読みやすさも考えて、字体、かなづかい、ふりがな等に工夫を加えた。また、出典、引用書等についても、読者に煩瑣の感を与えるのをさけ、それに枚数の関係もあって、記述を簡略化せざるをえなかった。このことをおことわりしておきたい。

（著者しるす）

各期国定軍事教材一覧〔修身・国語〕（カッコ内は、巻数と課を示す。高小は高等小学、修は修正本、付は付録）

	第一期 ［1904-09］	17, 修は 1918-28？］
修身	テンノーヘイカ(二の二十三)／ユーキ(二の二十四)／ユーキ(ツヅキ)(二の二十五)／こーごーへいか(三の一)／ちゅーぎ(三の二)／へいえき(四の二十)／天皇陛下(高小一の一)／北白川宮能久親王(高小一の二)	チュウギ(一の十七)／テンノウヘイカ(二の十八)／チュウギ(二の二十)／ヤクソクヲマモレ(二の二十一)／くわうがうへいか(三の一)／天皇陛下(四の一)／能久親王(四の二)／忠君愛国(四の三)／靖国神社(四の四)／博愛(五の二十五)／沈勇(六の九)／国民の公務(六の二十三)
国語	ヘイタイゴッコ(一)／軍艦(五の十七)／黄海の戦(五の十八)／明治二十七八年戦役(六の十八‐十九)／北白川宮(六の二十一)／武雄の入営(八の七)／軍人(八の八)／赤十字社(八の九)／靖国神社(高小一の四)／感心な母(高小一の五‐六)／わが陸軍(高小二の十一)／聯隊旗(高小二の十二)／わが国の海軍(高小三の二十二)／明治三十三年清国事変(高小四の十七)	広瀬中佐(七の二十六、修七の三十四)／潜水艦(修七の三十三)／広瀬中佐の歌(修七の三十五)／橘中佐(八の二十四‐二十五、修八の三十一‐三十二)／水兵の母(九の七、修九の二十一)／我が陸軍(九の八、修同)／靖国神社(九の九)／軍艦生活の朝(修九の十四)／伝書鳩(修十の六)／入営する友におくる(十の八)／水師営の会見(十の十二、修十の十七)／兵営内の生活(十の十六、修十の二十四)／進水式

第二期 ［1910-	第三期［修身 1918-33, 国語 1918-32］	40, 国語 1933-40］
	チュウギ(一の十七)／チュウギ(二の十六)／ヤクソクヲマモレ(二の十七)／ちゅうくんあいこく(三の二)／明治天皇(四の一)／能久親王(四の二)／靖国神社(四の三)／挙国一致(五の三)／博愛(五の二十五)／沈勇(六の八)／清廉(六の十五)／国民の務(六の十八)	チュウギ(一の二十六)／チュウギ(二の二十三)／ヤクソクヲマモレ(二の二十四)／忠君愛国(三の二十二)／皇后陛下(三の二十六)／明治天皇(四の一)／能久親王(四の二)／靖国神社(四の三)／挙国
(十の三十二)／我海軍(十一の八)／出征兵士(十一の十四)／日本の婦人(修十一の十九、「水兵の母」に同じ)／廃兵院(修十一の二十八)／日本海(の)海戦(十二の二、修十一の十二)／日本の女子(十二の八、「水兵の母」に同じ)／軍人に賜はりたる勅語(十二の二十七)	金鵄勲章(五の五)／入営した兄から(六の十一)／大連だより(七の十二)／一太郎やあい(七の十三)／広瀬中佐(八の二十四)／乃木大将の幼年時代(八の二十八)／トラック島便り(九の二)／水師営の会見(九の十)／軍艦生活の朝(九の十五)／北風号(九の二十二)／水兵の母(九の二十四)／伝書鳩(十の十一)／進水式(十の二十六)	ヘイタイススメ(一)／海軍のにいさん(四の三)／ニイサンノ入営(四の十四)／犬のてがら(五の二十二)／軍旗(六の十一)／潜水艦(六の二十二)／東郷元帥(六の二十五)／兵営だより(七の十二)／乃木大将の幼年時代(七の二十六)／大演習(八の九)／小さい伝令使(八の十三)／大連だより

第四期［修身 1934-	第五期 ［1941-45］
一致（五の二）／公徳（五の四）／職分（六の十二）／国民の務（六の十三）／至誠（六の二十）	兵タイサンへ（ヨイコドモ下の十）／にいさん（一の十二）／日の丸の旗（一の十六）／負けじだましい（一の十九）／皇后陛下（一の二十）／靖国神社（二の三）／能久親王（二の四）／明治天皇の御徳（二の十三）／乃木大将の少年時代（二の十七）／大陸と私たち（二の二十）／佐久間艇長の遺書（三の二）／軍神のおもかげ（三の九）／特別攻撃隊（三の十五）／よもの海（三の十七）／飯沼飛行士（三の十八）／北満の露（三の十九）／昔から今まで（三の二十）／国民皆兵（四の八）／戦勝祝賀の日（四の
（八の十四）／広瀬中佐（八の二十）／軍艦生活の朝（九の八）／京城へ（九の十九）／橘中佐（九の二十七）／水兵の母（十の五）／南洋だより（十の六）／水師営の会見（十の十五）／「あじあ」に乗りて（十の二十六）／日本海海戦（十一の十）／空中戦（十一の二十七）／支那の印象（十二の四）／ほまれの記章（十二の二十四）	ヘイタイサン（ヨミカタ一）／兵タイゴッコ（ヨミカタ二の十六）／軍かん（よみかた三の九）／お話（同三の十）／海軍のにいさん（同四の三）／満州の冬（同四の十）／にいさんの入営（同四の十五）／金しくんしょう（同四の二十）／病院の兵たいさん（同四の二十一）／支那の子ども（同四の二十二）／支那の春（一の四）／にいさんの愛馬（一の十三）／カッターの競争（一の十八）／軍犬利根（一の二十二）／潜水艦（二の七）／南洋（二の八）／映画（二の九）／軍旗（二の十四）／ゐもん袋（二の十五）／三勇士（二の二十一）／靖国神社（三の五）／東郷元帥（三の二十）／大連から（四の四）／観艦式（四の五）／大演習（四の十一）／小さな伝令使（四の十二）／広瀬中佐（四の十七）／大砲のできるまで（四の十九）／防空

十九）／新しい世界（四の二十）

監視哨（四の二十三）／早春の満州（四の二十四）／戦地の父から（五の四）／スレンバンの少女（五の五）／軍艦生活の朝（五の九）／動員（五の十九）／「あじあ」に乗りて（五の付一）／大地を開く（五の付二）／草原のオボ（五の付三）／水兵の母（六の二）／姿なき入城（六の三）／十二月八日（六の九）／不沈艦の最後（六の十）／水師営（六の十二）／敵前上陸（六の十八）／病院船（六の十九）／愛路少年隊（六の付二）／湖同風景（六の付三）／永久王（七の二）／日本海海戦（七の八）／兵営だより（七の十六）／ゆかしい心（七の十八）／ジャワ風景（七の付一）／ビスマルク諸島（七の付二）／セレベスのゐなか（七の付三）／サラワクの印象（七の付四）／ダバオへ（八の三）／マライを進む（八の十三）／シンガポール陥落の夜（八の十五）／もののふの情（八の十六）／太平洋（八の二十一）／熱帯の海（八の付一）／洋上哨戒飛行（八の付二）／レキシントン撃沈記（八の付三）／珊瑚海の勝利（八の付四）

中内敏夫

1930-2016年
1954年 京都大学教育学部卒
1959年 東京大学大学院博士課程修了
一橋大学名誉教授
専攻―教育学・教育史
著書―『学力とは何か』(岩波新書)
『教育学第一歩』(岩波書店)
『新しい教育史』(新評論)ほか

軍国美談と教科書　岩波新書(新赤版)35

1988年8月22日　第1刷発行
2017年1月20日　第5刷発行

著　者　中内敏夫《なかうちとしお》

発行者　岡本　厚

発行所　株式会社　岩波書店
〒101-8002 東京都千代田区一ツ橋2-5-5
案内 03-5210-4000　営業部 03-5210-4111
http://www.iwanami.co.jp/

新書編集部 03-5210-4054
http://www.iwanamishinsho.com/

印刷・三陽社　カバー・半七印刷　製本・中永製本

ISBN 4-00-430035-5　Printed in Japan

岩波新書新赤版一〇〇〇点に際して

ひとつの時代が終わったと言われて久しい。だが、その先にいかなる時代を展望するのか、私たちはその輪郭すら描きえていない。二〇世紀から持ち越した課題の多くは、未だ解決の緒を見つけることのできないままであり、二一世紀が新たに招きよせた問題も少なくない。グローバル資本主義の浸透、憎悪の連鎖、暴力の応酬——世界は混沌として深い不安の只中にある。

現代社会においては変化が常態となり、速さと新しさに絶対的な価値が与えられた。消費社会の深化と情報技術の革命は、種々の境界を無くし、人々の生活やコミュニケーションの様式を根底から変容させてきた。ライフスタイルは多様化し、一面では個人の生き方をそれぞれが選びとる時代が始まっている。同時に、新たな格差が生まれ、様々な次元での亀裂や分断が深まっている。社会や歴史に対する意識が揺らぎ、普遍的な理念に対する根本的な懐疑や、現実を変えることへの無力感がひそかに根を張りつつある。そして生きることに誰もが困難を覚える時代が到来している。

しかし、日常生活のそれぞれの場で、自由と民主主義を獲得し実践することを通じて、私たち自身がそうした閉塞を乗り超え、希望の時代の幕開けを告げてゆくことは不可能ではあるまい。そのために、いま求められていること——それは、個と個の間で開かれた対話を積み重ねながら、人間らしく生きることの条件について一人ひとりが粘り強く思考することではないか。その営みの糧となるものが、教養に外ならないと私たちは考える。歴史とは何か、よく生きるとはいかなることか、世界そして人間はどこへ向かうべきなのか——こうした根源的な問いとの格闘が、文化と知の厚みを作り出し、個人と社会を支える基盤としての教養となった。まさにそのような教養への道案内こそ、岩波新書が創刊以来、追求してきたことである。

岩波新書は、日中戦争下の一九三八年一一月に赤版として創刊された。創刊の辞は、道義の精神に則らない日本の行動を憂慮し、批判的精神と良心的行動の欠如を戒めつつ、現代人の現代的教養を刊行の目的とする、と謳っている。以後、青版、黄版、新赤版と装いを改めながら、合計二五〇〇点余りを世に問うてきた。そして、いままた新赤版が一〇〇〇点を迎えたのを機に、人間の理性と良心への信頼を再確認し、それに裏打ちされた文化を培っていく決意を込めて、新しい装丁のもとに再出発したいと思う。一冊一冊から吹き出す新風が一人でも多くの読者の許に届くこと、そして希望ある時代への想像力を豊かにかき立てることを切に願う。

（二〇〇六年四月）